大学语文教育与教学研究

杨建越　著

中国商务出版社
·北京·

图书在版编目（CIP）数据

大学语文教育与教学研究 / 杨建越著. — 北京 ：
中国商务出版社，2023.12

ISBN 978-7-5103-5016-0

Ⅰ．①大… Ⅱ．①杨… Ⅲ．①大学语文课－教学研究
－高等学校 Ⅳ．①H193

中国国家版本馆CIP数据核字(2023)第250233号

大学语文教育与教学研究

DAXUE YUWEN JIAOYU YU JIAOXUE YANJIU

杨建越　著

出　　版：中国商务出版社
地　　址：北京市东城区安外东后巷28号　　邮　编：　100710
责任部门：发展事业部（010-64218072）
责任编辑：李鹏龙
直销客服：010-64515210
总 发 行：中国商务出版社发行部（010-64208388　64515150）
网购零售：中国商务出版社淘宝店（010-64286917）
网　　址：http://www.cctpress.com
网　　店：https://shop595663922.taobao.com
邮　　箱：295402859@qq.com
排　　版：北京宏进时代出版策划有限公司
印　　刷：廊坊市广阳区九洲印刷厂
开　　本：710毫米×1000毫米　1/16
印　　张：11.75　　　　　　　　　　字　数：200千字
版　　次：2023年12月第1版　　　　　印　次：2023年12月第1次印刷
书　　号：ISBN 978-7-5103-5016-0
定　　价：79.00元

前　言

　　语文教育教学是培养学生健康思想和语言文字运用能力的基础工程，也是传递中国优秀文化的有效途径。我们的母语和本土文化惠及人的终生，从入门识字到自主阅读，从初学写作到自我创作，无不是对自身民族文化知识的储备与水平的提升。探索并实践大学语文教育创新途径，可以使中国优秀文化得到更好的传承，使教育的核心目标得以实现，尤其是在全面提高大学生语文素养方面有着不可替代的作用，能对大学生未来的发展奠定良好的基础。这既是文化自信的表现，也是文化自觉的行动，更是教育者的责任担当。

　　大学语文因其学科本身的工具性、人文性和综合性特征，铸就了它有别于其他学科的丰富内涵与深厚情怀。人们工作、学习、生活的任何内容都与语文息息相关。语文的学习，尤其是大学语文的学习，不仅能提升学生的思维力与创造力，还能增强学生的文学鉴赏力与审美力，同时，语言运用能力的提升会使学生的精神世界更加丰富、情商更高、人格更完善。但是，在实际教学过程中，大学语文教育教学却面临着严峻挑战，课程建设滞后、课时安排短缺、师资力量薄弱、教学手段单一、教学方法陈旧、师生兴趣不高等问题依然存在，有的高校甚至砍掉了大学语文课程。面对新时代素质教育的要求和高校人才培养模式改革以及创新型人才的需求不断增加，如何更加科学有效地开设好大学语文这门事关中华民族优秀文化传承和新时代创新人才综合素质提升的文化基础课程，是一项值得不断探索的新课题和十分有意义的教育创新工程。

　　由于笔者水平有限，本书难免存在不妥甚至谬误，敬请广大学界同仁与读者朋友批评指正。

杨建越

2023 年 11 月

目　录

第一章　语文教育的本质

教育是以有意识地影响人的身心发展为目标的社会活动，是人类为了更好地实现延续与发展而兴起的一个专门化领域。这个领域不仅要保证文明的传承，更重要的是要促进人类文明的进步与社会的发展。而语文教育则在具有教育共性的同时，也具有语文学科独特的个性。自 1903 年语文正式独立设科以来，语文教育的本质一直是学界颇为关心的问题，也一直处在研究和探讨之中。语文教育的改革与论争，往往源于对语文教育本质的认识差异。随着语文教育改革的深化和发展，语文教育本质恐怕是一个常论常新的问题，本书的开篇，也必定要对这个问题做一个全面而综合的分析。

第一节　语文教育的工具性

语文教育包含双重含义：教学语言和使用语言教学。无论是叶圣陶的"口头为'语'，书面为'文'"说，还是吕叔湘的"语言文字"说，只要我们不作狭隘的理解，语文的内涵都是非常清楚的。在教育教学中，语文有别于其他学科，语文学科的教学需要研究与探讨语言本身，不仅要理解其表达的是什么，还要研究是怎样表达的，以及为什么这样表达。而学习其他学科，语言只是一种媒介。由此不难看出，从学科特点而言，作为交际工具、思维工具和文化传承工具的语文，要熟练地掌握它，就始终不能脱离语言的工具性。重视语言训练是语文学习的必由之路，换句话说，脱离或忽略语言工具性特点的语文课都不是真正意义上的语文课。语文学科的重要任务之一，就是让学生系统地学习语言，提高学生正确理解和运用语言的能力，提高学生的观察能力、感受能力、想象能力、思维能力和创造能力，以加深对祖国语言的认识和热爱。语文教育的工具性就表现在语言本身的工具性和语文学科的工具性两个方面。

一、语言本身的工具性

语言是一种社会现象，不是自然现象，也非个人现象。语言和人类社会有着紧密的联系，语言依存于社会，更是组成社会的一个不可或缺的因素，是推动社会发展的重要力量。语言是随着人类的产生而产生的，是人类区别于其他动物的一个重要标志。人与人之间、人与社会之间的联系有赖于语言，有了语言，人才能共同生产、生活，才能在生产活动和社会实践中得以协调并共同行动，才能将生产、生活的经验相互交流。没有语言，人与人之间的联系无所适从。总之，语言与社会有着密切的相互依存关系，语言是人们生产、生活的工具。而交际工具、思维工具、思想文化的载体是语言工具性的主要表现。

1. 语言是人类最重要的交际工具

恩斯特·卡西尔说过："语言从我们生命伊始，意识初来，就围绕着我们……语言犹如我们思想和感情、知觉和概念得以生存的精神空气。在此之外，我们就不能呼吸。"人生活于世界之中，人也生活在语言之中。"语言给世界中的事物命名，世界在语言中向人类开启世界之为'世界'……人总是以拥有语言的方式'拥有'世界，语言把人引领入'世界'之中。"人类的说和写都是为了表达思想、进行交际，而说和写所用的语言就是表达思想和进行交际的工具。

语言是获取、储存、转换、表达信息的重要手段。在现实生活中，人们利用语言工具来表达自己的思想，也通过语言工具理解他人表达的思想。语言对于社会所有成员都是共同的、统一的。不论地位高低、学养优劣，所有人都得遵守社会的语言习惯，谁都不能垄断。但与此同时，人们在使用语言的过程中又可以有不同的风格。比如，一般人和学界专家在遣词造句上会存在极大的差异，人在私人场合和社交场合说话用语必然有所不同，但又都不能偏离语言的基本规则。又比如，人们喜闻乐见的相声艺术，它的语言表达不同于说书艺术，也不同于其他的文艺作品，更有别于学术论文，以通俗易懂、幽默含蓄见长，但又不突破人们平时共同遵守的语言规则。

众所周知，人们在交际时常用的是语言，但又不限于语言。除了语言，文字、肢体语、旗语、电报代码等也是人们熟知和惯用的交际工具。但无论是文字，还是肢体动作，或其他图形符号等，都是建立在语言基础上的辅助性交际工具。比如文字，是用来记录语言的，可以打破语言交际的时空限制。但是，文字在交际中的作用远不如语言。一个社会可以没有文字，但是不能没有语言；没有语言，社会就不能生存和发展。只有语言才是人类社会不能缺少的、与人类社会生活的各个方面关系最深的、能充分交流思想感情的交际工具。

2. 语言是人类思维的工具

语言是人类创造的，是人们在社会劳动过程中，为适应交流、传递信息的需要而产生的。而思维是人脑的机能，是对外部现实的反映。语言和思维是两种独立的现象，但两者又如影随形。语言一经产生，就成为思维存在和发展的必要因素，是实现思维、巩固和传达思维成果的工具。依据巴甫洛夫高级神经活动生理学的原理，语言在人脑反映外部现实的生理机制中，担负着第二信号系统的职能。思维是以抽象的形式间接地、概括地反映外部现实，而语言是思维活动的必要条件。没有语言，间接概括的思维活动就无法正常进行。语言是思维得以实现的工具，是思维存在的形式，准确、连贯、生动的语言对促进思维的发展起着重要的作用。思维成果凭借语言被记录、固定下来，思维的明晰化、形象化又直接关系着语言的准确性、连贯性和生动性。语言不仅能实现思维成果的表达和传播，更能使思维在已有基础上得以发展。

语言是思维本身的要素，语言的发展水平标志着思维的发展水平。思维和语言是相互依存、相互促进的。语言是现实的思维，是思维的物质外壳；语言外壳又总是包含着思维的内容。思维的发展推动语言的发展，语言的发展又促进思维的发展。思维活跃开放，语言自然丰富灵活；思维板结凝滞，语言也就呆板贫乏；思维缜密，语言就会准确；思维混沌，语言也就模糊。

3. 语言是人类文化的载体

文化包括风俗、习惯、地理、历史、宗教、信仰、生产、生活等方面的内容。语言自从产生的那一天起，就是以一定的形式和内容出现的。语言表达着不同的意义，体现了它与客观世界、人类社会和思维的依存关系。任何民族的语言都记载着本民族的思想和文化。而任何一个民族的文化，都是历史的积淀，都反映着该民族人民的劳动创造、艺术成就、价值取向、共同观念和生活习俗等。因此，语言载体观也可以说成是：语言是用来"装载"文化的工具。

二、语文学科的工具性

与其他学科相比较，我国传统语文教学的历史最长。语言的产生和发展为人类的群居奠定了基础，而群居就构成了人类社会。人类社会的发展需要有共同的交际语——口头语，但口头语不具备时间上的留存性和空间上的延展性，于是就促成了书面文的产生和发展。在口头语阶段，人们依赖的是口耳相传。但有了书面文，就必须有教育。语文教育也就是从有了书面文开始的。然而，从公元前 6 世纪春秋末期开始，直至 19 世纪末开办新学堂止，在这悠久的历史中，我国没有"语文"这个概念，也没有专门的语文教材。直至中华人民共和国成立，我国政治、经济、文化、教育等各方面都走上了新的发展道路，与上层建筑关系密切的语文教育也面临着创新发展的需要。恰逢此时，时任华北人民政府教科书编审委员会主任的叶圣陶提出了"语文"这个新概念，并且指出"口头为'语'，书面为'文'"；此后，对何为"语文"又有过诸多解释。1950 年版的语文课本提出"说出来是语言，写出来是文章"，即认为"语文"是"语言文章"；1956 年版的语文教材分为"汉语"和"文学"，即认为"语文"为"语言文学"；1963 年的语文教学大纲中有"理解运用祖国的语言文字"的表述。无论是"语言文字"说，还是"语言文学"说，语言始终是基础，文字、文章、文学都是在语言的基础上发展而来的。这也说明了语文学科是以学习语言和运用语言为主，旨在传授、培养学习其他学科所需的语文知识和人生所需的语文技能的一门学科。

1. 语文是学生学习的工具

各门课程的学习都有赖于语文作为工具，因为任何一门课程的内容都无法不用语文作为表现形式，都需要写字、阅读、口语表达的基本功，都需要思维活动。正如叶圣陶先生所言："语文是工具。自然科学方面的天文、地理、生物、数学、物理、化学，社会科学方面的文学、历史、哲学、经济，表达和交流都要使用这个工具。"

无论哪一门课程的学习，都离不开语文，除了需要语文来呈现其内容，需要运用语言文字来教学，还需要通过语文来呈现其学习的成果。比如学习笔记、学习心得、实验报告的撰写，毕业设计、毕业论文的完成，研究成果的总结与表述等，都需要借助语文来实现。尤其是理工科学生在项目论证、撰写实验报告、做计划安排、完成工作总结时，叙事说理、表意抒情都离不开语文，而且若缺乏归纳和总结能力，科研上、技术上的发展也不会有多大潜力。古人有言"言之无文，行而不远"。一个人如果想要把自己的所学所思记录下来，并且让其流传下去，就不仅要用语言把它表达出来，而且还需要表达得准确、生动、周详，否则注定"行而不远"。而能不能表达出来，和表达得好不好，都与语文有关。

从某种意义上说，语文类似于载我们到达彼岸的船，船只是我们所要借助和依赖的工具，但不是我们的目的。可如果没有船这个工具，彼岸也就无法到达。

2. 语文是学生成长发展的工具

迄今为止，人与世界存在四种对象关系，即人与自然的关系、人与外界社会的关系、人与他人的关系和人与内在自我的关系。语文是实现这四种关系的工具，是人认识自然、社会、他人和自我的工具。著名哲学家海德格尔在谈论人的本质时明确提出："世界存在于语言之中，语言是存在的家园。"没有语言就没有世界，人也就失去了栖息之所。从这个意义上说，语言是立人之本，亦是人的根本存在方式。学生要想从一个无知的自然人成长为成熟睿智的社会成员，就需要不断地学习以增长知识和才干，逐步养成健全的人格，这一过程每时每刻都需要借助语文这一工具。所以，教师需要引导学生通过自主的语言实践活动，积累言语经验，使学生把握祖国语言文字的特点和运用规律，加深对祖国语言文字的理解与热爱，培养运用祖国语言文字的能力。

3. 语文是学生认识、参与、改造生活的工具

语文习得是学生成长发展的需要，更是学生生活的需要。每个人都拥有自己的生活，学生也不例外。作为生活的主体，他们也常常用他们特有的目光观察和研究周围的一切，常常为了能够更好地生活而适时地调整自我与周围环境的关系，甚至还有意识地通过他们的语言行为去影响、改变自己和他人的生活。而语文正是他们认识生活、参与生活、改造生活的主要工具。他们不仅运用语文生活，而且在自己的生活中学习运用语文。

语文学习与现实生活总是紧密相随，以至于难以分清谁是目的、谁是工具。

语文教学的目的从来就不仅仅是学习和掌握语文工具，而是要运用这一工具去认识生活、参与生活和改造生活。教学过程中不能仅仅把学生看作语文训练的对象、语言文字训练的主体，而是要让学生真正成为他们生活的主体，成为自主地学习运用语文这个工具能动地生活的主体。无论是听说还是读写，学生只有真正联系自己的生活，真正融入自己的情感，才能将知识迁移和内化。

第二节　语文教育的民族性

"语文教育通常指的是指导人们学习祖国语言的教育活动。"语文课程是一门教学生学习运用祖国语言文字的课程。每一个国家每一个民族之所以都很重视语文课程、重视母语教育、重视民族传统文化教育，就是为了让自己的下一代热爱并掌握本国、本民族的语言和文化。俄罗斯教育家乌申斯基曾说过："在民族语言照亮而透彻的深处，不但反映着祖国的自然，而且反映着民族精神生活的全部历史。人们一代跟着一代传下去，但是每一代生活的成果都得保留在语言里，成为传给后一代的遗产。一代跟着一代，把各种深刻而热烈的运动的结果、历史事件结果、信仰、见解、生活中的忧患和欢乐的痕迹，全部积累在本民族语言的宝库里。总之，一个民族把自己全部精神生活的痕迹都珍藏在民族的语言里。"正因为如此，语文教育就具有鲜明的民族性。由于语言是以特定的民族形式来表达思想的交际工具，在人对世界、对自身困惑的探究和理解的无穷进程中，语言占有核心地位，是维系人与世界各种关系的基本纽带，是人的思想、感情、意志的主要表达手段。因为人是按照他所学母语的形式来接受世界的，当这一民族在人类历史上作为稳定的共同体出现时，语言就深深地打上了民族的烙印。汉语是当前得到全世界语言学家公认的已知语言（1400多种）中的一种，属于世界十大语系中的汉藏语系，以其独特的构形、语音、语义、语法和语用体现着中华民族的历史积淀，凝结着民族精神、民族情怀、民族立场，闪耀着华夏文明的光辉。汉语是汉民族的母语，在几千年的发展历程中融入了中华民族的情感、态度、价值观，也深深地打上了历史的、地域的、心理的烙印，是一种从形式到表达都充溢着浓郁的民族特性的语言。而语文教育的民族性正是由汉语独特的民族性所规约的。

一、汉语语音的民族性

我国是一个多民族、多语种的国家。汉语是我们中华民族的共同语，有古代汉语和现代汉语之分。现代汉语又分为标准语（普通话）和方言。古代汉语是古代汉族人所使用的语言，分为书面语和口头语，因为口头语言无法超越时空的限制，所以我们现在所说的古代汉语，仅指被记录下来的古代书面语，也就是古代文献语言。现代汉语中的标准语，亦即我们大家熟悉的普通话，是我们国家的通用语言。普通话是在北方话的基础上发展而来的，是以北京语音为基础音，以北方话为基础方言，以典范的现代白话文著作为语法规范的现代标准汉语。

不同的语言有不同的语音系统，不同的语音亦有不同的语音单位。汉语语音的发展大致可以分为上古、中古、近古和现代四个时期。上古音指先秦两汉时期的语音，中古音指六朝到唐宋时代的语音，近古音指元明清时代的语音，现代音则指以现代普通话语音系统即北京音系为代表的语言。普通话的语音系统主要包括声母、韵母、声调、音节以及变调、轻声、儿化等。音节在汉语语音系统中具有非常重要的地位，是区分汉语语系与印欧语系的一个重要标志。郭绍虞就曾指出："古人作文不知道标点分段，所以只有在音节上求得句读和段落的分明；骈文和古文甚至戏剧里的道白和语录都如此，骈文的匀整和对偶，古文句子的长短，主要的都是为了达成这个目的。"因此，音节不仅是汉语与其他语系区分的标志，更使汉语语音产生了一系列与众不同的特点。

1. 汉语是富有音乐性的语言

按照我国传统的声韵分析法，音节分为声母、韵母和声调三个部分。声母为一个音节的开头部分，除零声母外，其余21个声母都由辅音充当，且以清辅音为主，清音声母17个，浊音声母只有4个。清辅音发音的特点是声带不需要振动，送出去的气流不带音；而浊辅音正好与之相反，发音需要声带震动，送出去的气流带音。

韵母是一个音节中声母后面的部分，普通话有39个韵母，分为单韵母（一个元音）、复韵母（两个或三个元音）和鼻韵母（元音加鼻辅音）三类，每一类又可分为若干种。普通话的音节可以没有辅音声母，但必有韵母，如"啊（a）"；一个音节中可以没有辅音，但必有元音，如"优（iou）"。可见，普通话音节中元音占绝对优势。这就导致很多音节基本都是由复元音构成的。而元音是乐音，就使我们在使用普通话说话、诵读时语音响亮且动听。

声调是贯通整个音节高低升降的调子，即指每个音节在读出来时的声音变化。普通话共有阴平、阳平、上声、去声四个调类，并有与之相对应的调值。普通话中任何一段语音流，往往都不会以一个调值的音位重复出现，而是四个声调错落有致地铺排在一段有意义的音流上，并在主要元音上完美结合。这样就使得语音产生出高低抑扬的起伏变化，从而在听觉上形成一种抑扬顿挫的跌宕美。

普通话语音的这些特点，使我们的汉语成为世上最具音乐美的语言。无论是古代的"关关雎鸠，在河之洲"（诗经《关雎》）、"东风夜放花千树。更吹落、星如雨。宝马雕车香满路。凤箫声动，玉壶光转，一夜鱼龙舞"（辛弃疾《青玉案·元夕》），还是今天的"大河上下，顿失滔滔"（毛泽东《沁园春·雪》）、"小草偷偷地从土里钻出来，嫩嫩的，绿绿的。园子里，田野里，瞧去，一大片一大片满的。坐着，躺着，打两个滚，踢几脚球，赛几趟跑，捉几回迷藏。风轻悄悄的，草软绵绵的"（朱自清《春》），读来都跌宕有致，极富音韵之美。不论是诗词曲赋，还是散文，都致力于让语句读起来如行云流水般流畅，并于极力铺排、点染中，以求得意象、意蕴的贯畅和音韵、节律的自然和谐。

2.汉语是双音节占优势的语言

"偶语易安，奇字难适"，指的是偶数音节的组合更能给人协调匀称的感觉。汉语中得以广泛流传的成语绝大多数取四字格形式，就是双音节化最明显的特征，其基本结构类型与双音节词语大致相同，如"破釜沉舟""千军万马""买椟还珠""四面楚歌"等，基本都是双音节的叠加，结构的整齐使音律更加和谐，表意的含蓄使表达效果更加典雅，彰显出语言的内在美。

即便是汉语中的单音节词，也通过复合法、附加法等方法大量转变为双音节词，而三音节和三音节以上的词语也大量缩略为双音节词。比如一个人姓文，我们可称他"老文"或"小文"，却很少称之为"文"；一个人复姓"欧阳"或"上官"，我们一般不会称呼为"小欧阳"或"老欧阳"、"小上官"或"老上官"；而"网络购物""吹牛皮""装洋蒜"，我们则习惯表述为"网购""吹牛""装蒜"等。从韵律上看，双音节是标准音节，双音节词汇就自然形成了鲜明的节奏感，诵读时更加朗朗上口，因而在使用时，无论是语音表达还是语句的组合，都会显得更加和谐优美。如诗句"昔我往矣，杨柳依依。今我来思，雨雪霏霏"（《诗经·采薇》）、"列缺霹雳，丘峦崩摧。洞天石扉，訇然中开"（李白《梦游天姥吟留别》），规整的节奏与韵律，宜记宜读，悦耳动听。即便是伴随着时代的发展而产生的一些新词汇，大多数也为双音节词，如"网购""微信""点赞""麦霸""博客""淘宝"等。可见，直至今天，人们依然习惯于用双音节词表示新事物或新现象。相反，有时若违背了双音节化这一传统，便会显得不和谐。比如"男大当婚，女大当嫁"这一俗语，若说成"男人大当婚，女人大当嫁"，便感觉有些别扭。

自古及今，人们习惯使用和乐于接受双音节词，既是因为双音节化使汉语语音更加简单整齐、协调对称，更是人们的思维方式、认知方式使然。中国特有的地理位置、自然环境、气候条件、审美趣味等，养成了中国人追求不偏不倚、和谐对称的审美心理。无论是传统的四合院民居，还是皇家宫殿，其建筑格局都讲究"天圆地方"、秩序井然；园林设计中亭台楼阁与假山池塘的合理搭配，传统绘画中的留白，文学创作中的对仗与平仄等，都鲜明地体现出汉民族对"和谐对称"之美的崇尚。

二、汉语语法的民族性

语法是语言学的一个分支，指语言的结构方式，包括词的构成和变化、词组和句子的组织。每一种语言，尽管字形、字音不同，但其作用相同，都是用来"声其心而形其意"。且人类大脑构造大致相同，所以不同语言、不同民族的人的思维可以说是相通的，作为思维工具的语言自然也有相同之处，且"皆有一定不变之律"。随着德国哲学家奥斯忒在 1630 年首次使用"普遍语法"这一术语，"普遍语法"研究也越来越受到语言学家的重视和认可。一切语言都有相似的语法范畴，如名词、动词等。但共性不能取代个性，普遍性不能代替特殊性。由于生活环境、历史发展、文化背景的差异，汉语语法与西洋语法有相同或相似之处，但也有不可替代的民族特征，主要体现在以下几方面。

1. 汉语语法的主体意识强

与西方注重细密严整的逻辑形式不同，独特的地理环境和生活方式，使中国人养成了注重情志表现的心理特征和整体观照世界的思维方式。如习惯于用感性直观的方式认知和审视外部世界与内在自我，对世界的把握和认识带有灵活性、宽泛性等特点。这种认知和思维方式不仅体现在汉民族的行为举止中，也体现在其语言上，表现在汉语的语法特性上，便是"以神统形"和"以意得言"。

印欧形态语言，其语法意义是通过直接外显的、丰富的形态变化来表现。而汉语不同，汉语是思维主体化的产物。它依靠词语顺序或上下文的情境来表现，语序和虚词成为表达意义的重要手段。语序不同，语义就不同。如"我喜欢她"，换成"她喜欢我"，意思就变了。句意的变化只靠"她"和"我"的位置互换。如果加上一个虚词，如"也"，就能使两个句子的意思统一起来，即"我喜欢她，她也喜欢我"。语序的变化所带来的不仅仅是语意的轻重与强弱的改变，还会改变整个句式，所表达的意思也会随之变化。比如同样的三个语素"不""怕冷"，由语序的变化，可搭配出"不怕冷、冷不怕、怕不冷"三个表意不同的语法结构，实现语意的转移。另外，用的虚词不同，意义也不同，如"她和你去"和"她或你去"意思迥异。

汉语重意念，词语组合往往依靠意合，词序可选择以意念来贯通。这就使得词语的组合有相当程度的灵活性和一定的弹性，表现在句式上，则是动词、形容词可作主宾语，名词短语可以作谓语等。只要在语境帮助下不致造成误解，许多词语即便语法上不能搭配，也往往可以结合到一起。比如"最美最母亲的国度"（余光中《当我死时》），"母亲"一词是名词，但在句中却活用为形容词，不但不觉得突兀和难解，反而给人一种凝练、贴切而又新颖的感觉。

汉语是以意义的完整为目的，依事理逻辑的流动铺排来完成内容表达的。如"枯藤老树昏鸦，小桥流水人家，古道西风瘦马"（马致远《天净沙·秋思》），九组名词、九种景物构成了传颂千古的名句，各种景物的关系以及它们各自的动态与形状跃然纸上，所依赖的不是合乎常规的语法，而是缘于情与景的妙合、心和物的相通。这与以动词为中心搭起语序或句子脉络的固定框架，强调主谓一致性的印欧语系是完全不同的。

汉语的语法也体现出一种整体性和具象性的特征，"汉语的句子结构是散点透视的，以内容的完整、意义的完整为目的，通过一个个语言板块（词组）的流动、铺排来完成内容表达的需要，讲究以'神'驭'形'"。而且，汉语的精神"不是西方语言那种执着与知性、理性的精神，而是充满着感受和体验的精神。汉语中的词很容易使人联想到相应的意象，汉语的表达就是在逻辑思维指导、配合、渗透下相对独立的表象运动"。

2. 汉语语法具有结构趋简性

"七月在野，八月在宇，九月在户，十月蟋蟀入我床下""我选择，我喜欢"，前者省略了主语，后者作为一款运动鞋的广告词省略了宾语；"知己知彼，百战不殆"则是省略了虚词。这是汉语注重意合、力求简约这一特征的典型例句，不像印欧语系语言具有严格的性、数、格等形态的变化。汉语省略句多跳跃式结构，有灵活的构词方式、词类功能、词语搭配等，反映出汉语句法结构松散，成分具有较强独立性，但这种省略又在语言实践中易为人们所接受。

这种情况既与汉民族传统思维模式有关，又是汉民族文化在句子形式和事理之间调节所致，是一种意合的程序。如"林教头风雪山神庙"，运用通常的句法逻辑分析很难解释这类组合，但由于汉民族受整体综合的思维特征影响，汉语少了一些赘疣性的条件规定，词语凭意会便可以随意组合。有时同一语义成分也可以占据不同的句法位置，比如"她比我写得快""她写得比我快"可互换。

《易》曰："易简而天下之理得矣。"汉民族善于以简驭繁，这一点在汉语的语词单位上表现得很明显。由于崇简，汉语语词单位的大小和性质往往并无定规，可以有常有变、可常可变，也可以随上下文的声气、逻辑环境而加以自由运用。比如交际语"给我打电话"，亦可说成"电话我"；副词与名词结合而成的"很中国""很男人""很青春"等，在意会组合中形成简单而意蕴丰富的语汇，凸显出汉语的张力。

三、汉语文字的民族性

文字是历史的产物，一个民族的社会文明发展到一定阶段才会产生文字。各民族的语言都以本民族的文化为背景，都是在本民族的文化土壤中滋长、成熟的。每一个民族为了适应其生存环境，均建立了一套自己的生活方式，并逐步形成了独特的生活观念。而一个民族的价值观、思维方式和生活习性是民族文化的内核，也是一个民族的独特性所在，与该民族的文字有一定的相关性。特别是汉字这样一种古老的表意特点很强的文字，从字形到构词，都会映射出汉民族的一些个性特征，诸如善于从整体的角度来观察和体验世界，追求"天人合一"、浑然一体等，也反映出汉民族的心理状态、价值观念、生活方式、道德标准、风俗习惯和审美情趣等。

汉字是汉民族独创出来的文字，至今已有数千年的历史。仓颉被尊为"造字圣人"。《淮南子》云："仓颉作书而天雨粟，鬼夜哭。"因为有了文字，"造化不能藏其密，故天雨粟；灵怪不能遁其形，故鬼夜哭"。有了汉字，才有了辉煌璀璨的诗词歌赋，才有了汪洋恣肆的书法艺术，才有了记载历代变迁的百家史册，才有了得以薪火相传数千年的中华文明。

世界上其他几种古老的文字，如苏美尔人楔形文字、古埃及文字、玛雅文字已先后消失，只有汉字成为当今世界上仅存的表意文字，经过六千多年的积淀，即使在当今的信息科技时代依然散发着其独特的生机和魅力。传承至今，汉字已不再单单是一种文字了。其本身就是一座文化宝藏，早已成为中华民族文化中至关重要的一部分。离开汉字，中华文化就是无源之水、无本之木。正如申小龙在《语言：人文科学统一的基础和纽带——文化语言学丛书总序》中所述的："……在一切社会现象和自然现象中，只有语言和遗传代码是人类从祖先传给后代的两种最基本的信息。"在人类自身困惑的探究和理解的漫长进程中，语言占有核心地位，构成人类最重要的文化环境。

1. 汉字与拼音文字不同，是形、音、义的统一体

拼音文字中一个字的拼写就反映出语言中一个符号的语音面貌，按照字母的拼法就能把字音读出来。以方块构形的汉字，不同于拼音文字，具有以形表意的特点，往往能见"形"即知"义"，甚至可以说每一汉字都有一段传奇、一个故事，蕴含丰富的文化信息，因为中国人将对外部世界的认识和自身的情感体验以及道德标准都蕴藏于文字之中。比如"休"字，从人，从木，意指人依傍大树休息，紧张劳作之余，倚靠着树木休息，是一件令人惬意的事情，故"休"又可以引申为"美好""高兴"。而"祭"字由三个部件组成：右上方是肉的象形，左上方是手的象形，"示"为祭祀用的祭台，合起来的意思就是手拿祭品在神灵面前祈祷。汉字的一笔一画都反映出我们祖先认识事物的特点及其蕴含的深刻内涵。从自然之象到文字之形，这种"以意赋形、以形写意"的造字规律，恰好体现了汉民族感性的、整体的、非理性的认知方式和思维特征。

汉字不但义存于声，而且义寄于形，创造性地利用文字的平面性，将形、音、义等大量信息集中在一个小方块中。从结构上看，汉字比一般的拼音文字多了一个"形"，而"形"的获得缘于汉民族"盈天地之间者唯万物"的传统思维方式，认为一切运动肇始于事物，事物是一切运动的主体，由此养成了"观物取象"的直觉思维习惯。汉民族对物象的态度与其说是科学的，不如说是艺术的、诗性的。汉字不仅具有突出的"观物取象"的特征，而且充分体现出造字者直觉式的思维模式，"立象"的目的是"尽意"，其"象"中包含着体悟，以其"象"引导文字使用者去感悟其中的意蕴。

同时，汉民族还善于对事物通过经验的综合进行整体把握，不经过抽象分析、逻辑推理，亦可用直观的、可感知的形态将抽象概念表现出来，诸如抽象名词、方位词、形容词等。"左、右"两个表示方位的字，无法以实物来取象，无法直接诉诸本质特征来描述，而是采用形象譬喻，用人的左、右两手来表示方位。这种方式所造出来的字是直观的，人们可以凭直觉感知出来。如"扑通"给人以动感，"沉甸甸"则让人感受到重量。这种构词不只是依靠经验、体味和领悟，还是汉民族重视整体直观、重视综合分析的思维特点的反映。

2.汉字具有古今传承性

汉字是中华民族智慧的结晶，历经数千年从未中断。中国古代尽管经历了朝代更迭，但总体上保持了相对稳定。高耸入云的喜马拉雅山脉，阻挡住了过于强大的外族入侵，保证了文化的延续性，促成了汉民族共同的文化心理；社会的相对稳定，也使包含文字在内的文化保持了稳定发展，使汉字古今相通、南北相达。

几千年来，人类有几种独立发展的古老文字体系。其中最著名而且为人所通晓的是玛雅文字、巴比伦文字、古埃及象形文字以及中国汉字，它们都是源于以图画式的表意符号为主体的文字体系。但随着历史的演进，大多数古老文字体系或已湮没，或为拼音文字所取代，而中华文明的源流却从未中断，以及汉民族已经相对固化了的具象思维特征，使汉字始终保留图画表意的特征。

语言是始终处于变化之中的，诸如使用拼音系统的文字，常因语言的变化而改变拼写方式，致使其在古今不同阶段，看起来好像是完全没关系的异质语言文字。音读的变化不但表现在个别的词汇上，有时还会改变语法的结构，使同一种语言系统的各种方言有时会因差异太大而不能交流，若非经过专业学习与训练，根本无法读懂百年前的文字。但是，汉字从文字图画到图画文字，再到甲骨文、金文、大篆、小篆、隶书、草书、行书、楷书，形体虽多有变异，音读也有了不同，结构却未变，打破了语音的羁绊和时空的局限，成为一种可直接"视读"的"活化石"文字。不像拼音文字，按照字母的拼写阅读，语音一变，拼写法也得跟着变。比如古代的拉丁语发展为现代的意大利语、法语、英语等语言，记录拉丁语的拉丁文也随之改变。如果只知道现代法语、意大利语的拼写法，想学习古典拉丁语是行不通的，必须专门学习古典拉丁语的拼写法。汉字却不一样，尽管经历了从篆书到隶书、楷书的书写形式的变化，语音面貌也随着时代的变化发生了很大变化，但方块字形却保持不变；汉语尽管在不断发展，而记录它们的汉字却基本稳定，长期承载着汉语的不同变体。同一个汉字，各地读音不一，广东人用广东话读，四川人用四川话读，湖南人用湖南话读，相互之间听不懂，但都认识；无论是南腔还是北调，都可以通过文字进行交流。即便是看古文古书，也不必像拼音文字一样，先得学古音，而且各种方言的人都能看懂。

中国的象形文字能够超越语音的区别，成为不同时代、不同方言区的居民之间交流与联系的纽带。无论时代怎样变迁，汉语如何发展，记录汉语的汉字却始终坚定，在交流与传播中始终是中华民族的共同语言。

3. 汉字具有审美性

汉语是一种美的语言，汉字是一种美的文字。诚如鲁迅先生在《汉文学史纲要·自文字至文章》中所说："中国文字具有三美：意美以感心，一也；音美以感耳，二也；形美以感目，三也。"作为传播语言信息的符号系统，汉字从产生之初就有了实用价值之外的艺术审美价值。汉字的造字是以象形为基础的，所谓象形，就是象物之形。甲骨文中有许多象形字，如日、月、虎、鹿、犬、燕等。透过字形，我们可以感受到先民对事物的细致观察力、高度概括力和高超想象力，从中可以洞悉他们的聪明才智和艺术才华。独特的认知方式使得汉字在滥觞时期就被注入了艺术的基因和审美的特性。

在华夏五千年文明的发展过程中，汉字是思想交流、文化传承的载体。在发挥社会作用的同时，汉字由点和线组合而成的具有高度抽象化的特质，又使得人们在书写汉字时点画排布合理，结构疏密得当，虚实相生，笔势自然流畅，故其本身就有了造型表象的艺术特点。在点画的均衡、对称以及彼此间或明或暗中，汉字书写逐渐形成了一种可视之为"无言的诗，无形的舞；无图的画，无声的乐"的造型艺术——汉字书法。"通过结构的疏密、点画的轻重和行笔的缓急，表现作者对形象的情感，抒发自己的意境，就像音乐艺术从自然界的群声里抽出纯洁的乐音来，发展这乐音间相互结合的规律。用强弱、高低、节奏、旋律等有规则的变化来表现自然界、社会的形象和自心的情感。"这在世界各种文字的发展史上不能不说是一个奇迹，没有任何其他文字像汉字的书写一样，最终发展成为一种独特的艺术形式，并且源远流长。汉字不仅是中华民族的文化瑰宝，而且在世界文化艺术宝库中独放异彩。正如宗白华先生所言，"中国人的这支笔，开始于一画，界破了空虚，留下了笔迹，既流出了人心之美，也流出了万象之美。"

第三节　语文教育的人文性

德国著名哲学家尼采曾将教育分为两种：一种是生存的教育，其目的是追求知识，获取尘世幸福，赢得生存竞争；另一种是文化的教育，其目的不是满足个体生存需要和尘世幸福，而是直面永恒的生命意义。概括来讲，教育的终极目标就是立德树人，是关于人的灵魂的事业，是要让人性更完善、人格更完美，进而使人生更富有价值与意义。复旦大学前校长杨玉良曾说过："一颗没有精神家园的心灵，不可能思考自己生命的意义和价值，因此也不可能对他人有真正的情感关切，对社会有真正的责任心。"物质生活的丰富和满足不是人的生命的全部，只有精神与灵魂达到一定的高度才是社会人的最终确证。因此，帮助学生立德、助力学生成人是每一个教育工作者的职责所在。诗人叶芝说："教育不是注满一桶水，而是点燃一把火。"学校不仅是储存知识的仓库，还应是文明的摇篮；教师不仅要"授业""解惑"，还应该要"传道"，为"人师"。教育的根本目的是对学生的精神和灵魂的陶冶。教师的责任是点燃学生探索真理和寻找生命意义的激情之火，让学生领悟什么是真理，怎样追求真理；领悟什么是生命及其价值，如何尊重和爱惜自己与他人的生命。

人文教育的目的是要让学生成为全面发展的真正的"人"，这一目的应贯穿于每一门课程的教学始终。但在所有课程中最能有效地实现育人功能、最能直面永恒生命意义的莫过于语文。因为语文教育除了培养学生的语文素养和语言能力，更是一种精神教育、人文教育，重在对学生心智的开发与灵魂的启迪。学生在学习与品读文学作品的过程中，在感受文本的思想意蕴和艺术魅力，乃至作者人格魅力的同时，会自觉或不自觉地学会思考人与人、人与社会、人与国家、人与世界之间的关系，日复一日地学与思，会促使作品中的思想、情感不断地流淌到学生的心田，逐渐内化为学生的个人品质和个人的人文素养。可以说，语文教育的功能重在培养既能吟诗作赋、博古通今，又有良好的道德品质和礼仪风范的人。

一、语文教育是情感沾濡的教育

教育的最高目标是实现人的全面发展，而人的全面发展离不开情感的发展。情感是每个人人格发展的重要因素，美好的情感品质可以促进人格的健康发展、情商和智商的全面提高。而美好情感的培养在很大程度上有赖于情感教育，因为"情感教育是关注人的情感层面如何在教育的影响下不断产生新质、走向新的高度，也是关注作为人的生命机制之一的情绪机制，如何与生理机制、思维机制一道协调发挥作用，以达到最佳的功能状态"。情感教育的目的是培养学生的社会性情感，提高学生对情绪情感的调控能力，帮助学生对自我、环境以及两者之间的关系产生积极的情感体验，而其终极目标则是培养健全人格。

每个人的情感变化都是一个长期的过程，积极美好的情感需要慢慢培养，需要在受教育的过程中去不断感受和体验，激发出内心深处的情感，从而使情感在认知和体验发生共鸣的时候得到升华，形成一种坚定的信念，进而内化为自身的品德。刘晓伟指出："情感教育应该是一种唤醒教育，情感教育的过程就是生命唤醒的过程。在这一过程中，可以强化个体的生命意识，挖掘个体的生命潜能，彰显个体的生命价值，从而促进个体与社会的和谐发展。"语文教育，除了发挥其工具作用，培养学生的语文能力，提升学生的认知功能和发展学生的智力，还要注重学生非智力素质的发展，强化情感教育的正面熏陶作用，将多姿多彩的情感体验带给学生，让学生去感受世界上的真善美，感受作家作品中细微的情感变化，潜移默化地促成自己良好人格的形成。

语文学科的内在本质决定了它拥有丰富且宝贵的情感教育资源，无论哪个阶段的语文教材，其中的每一篇文章都是精挑细选的经典之作，是作者内心情感的体现与折射。正如刘勰在《文心雕龙·知音》篇中所言："夫缀文者情动而辞发，观文者披文以入情，沿波探源，虽幽必显。"苏轼《江城子·十年生死两茫茫》对亡妻的悼念之情，朱自清《背影》对父亲的怀念与赞美之情、柳永《八声甘州》的悲苦悱恻之情、李煜《虞美人》的悔恨哀伤之情、李商隐《无题·相见时难别亦难》中执着而坚贞的爱情、文天祥《过零丁洋》中洋溢的爱国之情等，或崇高悲壮，或清纯委婉，或淡雅优美，都是作者真情实感的真实表达。作者在构思、创作作品的过程中赋予了它们美好的丰富的情感魅力。同时，作品情感的表达也常常不是单一的，而是多种情感的交织和融合。例如辛弃疾的《破阵子》，在表达壮志难酬的悲凉时，既写出了豪迈情怀，又用现实写悲痛写愤慨。马致远的《天净沙·秋思》，不仅有"枯藤老树昏鸦""古道西风瘦马"的苍凉，也有向往"小桥流水人家"的闲适与温馨。苏轼的《水调歌头·中秋》，既有"乘风归去"的"出世"之念，又有"起舞弄清影，何似在人间"的"入世"之情；既有"人有悲欢离合，月有阴晴圆缺"的怅恨，又有"但愿人长久，千里共婵娟"的祝愿。

"感人心者，莫先乎情"（白居易《与元九书》）。良好愉悦的情绪有益于触发人的灵感，使人思维敏捷。情绪状态与人的认知和思维活跃程度密不可分，人需要丰富的情感体验和理论智慧的熏陶。正如苏霍姆林斯基所说："只有当情感的血液在知识的肌体中欢腾跳跃的时候，知识才会融入人的精神世界。"语文教育的重要任务就是引导学生去体会情感、品味情感。语文教育实践，可以让学生不同程度地感受人与人之间的亲情、友情、爱情，感受世界的美好和人生的乐趣，使学生的情感世界有所发展、日益丰富，懂得区分卑劣与高尚，淘汰丑的恶的情感态度，形成良好的情感品质，从而推动他们思想的发展变化，逐渐认识到自己的责任，树立正确的世界观、人生观和价值观，激发他们践行社会主义核心价值观、为国家建设事业而努力奋斗的动力。

二、语文教育是审美浸润的教育

"美是人类提高自己和超越自己的一种社会机能。有了这种机能，人就能够从野蛮走向文明，从单纯的自然存在，走向自觉的有意识的精神存在。美是人类精神文明的结晶，它能提高人的精神修养和精神境界。"艺术的最终目的就是使人们更真切地懂得生活的真谛，更加热爱生活，进而丰富我们对幸福和美好生活的向往与追求。

党的十九大报告明确提出："中国特色社会主义进入新时代，我国社会主要矛盾已经转化为人民日益增长的美好生活需要和不平衡不充分的发展之间的矛盾。"随着物质生活水平的提高，人们对精神生活的要求也日益提高。而审美教育恰是一种超功利性的，以造就全人类为目的，以解放情感、开阔视野并走向自由为核心的独特的人文教育活动。首先，审美教育可以促进学生智力的发展。审美艺术活动可以激发学生的情感。学生在艺术美的刺激下，情绪受到感染，心灵受到浸润，感性和理性、主体与客体自然协同，而这种状态正是人的创造力量迸发和释放的最佳时机。审美过程能调节学生的思维方式，提高他们的全面思维能力，增强他们的观察能力、想象能力和创造能力，从而促进其智力水平的提高。其次，审美教育可以促进学生非智力因素的发展。审美教育是一种情感教育，通过美感活动给学生的情感以自由解放的机会，给学生以情感的享受和无限的想象，进而将其带入到一个纯洁美好的境界中，使学生在丰富多彩的自然社会艺术环境中获得支持生命和绽放生命的动力，从而培养学生高尚而丰富的情感，有效地丰富和发展学生的想象力和创造精神，促进学生身心的协调发展，使学生的外在形体和内心人格形成美的统一。最后，审美教育可以促进学生创新能力的发展。审美是诉诸人的情感、直觉、无意识等非理性领域的，审美教育能够激活传统教育中学生闲置而未利用的非理性因素，使学生的大脑进入一种舒展和机敏的良好状态，保持旺盛的活力。总之，审美教育是培养学生以美的方式感受、认识世界，帮助学生树立高尚的审美理想、正确的审美意识和健康的审美情操，促使学生实现对自身未来真善美的展现、对人的生命存在及其发展的整体关怀。正如黑格尔所说："艺术又好像存在一种较高尚的推动力，它所要满足的是一种较高的需求，有时甚至是最高的绝对的需要，因为艺术是和整个时代整个民族的一般世界观和宗教旨趣联系在一起的。"

审美是人的一种精神需要。美国心理学家马斯洛认为人都潜藏着七种不同层次的需要，即生理需要、安全需要、归属和爱的需要、尊重的需要、认知的需要、审美的需要和自我实现的需要。这些需要在不同时期表现出来的迫切程度是不同的：一类是沿生物谱系上升方向逐渐变弱的本能或冲动，称为低级需要；一类是随生物进化而逐渐显现的潜能或需要，称为高级需要。生理需要和安全需要属于低级需要，而另外的五个层次——归属和爱的需要、尊重的需要、认知的需要、审美的需要和自我实现的需要属于高级需要。人的需要按重要性和层次性排成一定的次序，从基本需要（如食物和住房）逐步上升为复杂需要（如自我实现）。人的某一级需要得到最大限度满足后，才会追求更高一级的需要，如此逐级上升，成为推动继续努力的内在动力，正如墨子所言"食必常饱然后求美"，亦如管仲所说"仓廪实而知礼节"。

一个人若缺乏审美能力，生活会十分乏味，情感会特别空虚，心胸也会异常狭窄；就不可能对事业执着追求，就无力按照美的规律去改造世界，更不会有崇高的社会理想。

语文教育是一种审美教育，因为语文本身富含美的因素，对学生精神的充实、情感的丰富和人格的健全等生命意义建构优于其他学科。无论是其语言还是文字，都蕴含着形式之美和内质之美，可以培育学生的审美能力和审美理想。语文的阅读和聆听是对美的感受和欣赏，而语文的运用（说话和写作）则是对美的表现和创造。语文教育能把学生带进一个美的世界，以美来涤荡学生的心灵，改变学生的精神面貌，让学生在美的享受中增加生命的厚度、记忆的深度，在美的感悟中不断成长和成熟。

语文教育是以美启真的教育活动。语文教育的目标之一就是引导学生发现美、鉴赏美和创造美。在美的语言、美的意象、美的意境中陶冶审美情趣，在自然美、社会美中寻找人生真谛。如在欣赏作品描摹的自然景观美时，不仅可以感受到大自然的鬼斧神工和无限美好，也可以感受人与自然的和谐。

语文教育是以美育德的教育活动。语文学科有别于其他学科，内容包罗万象，集自然美、艺术美、社会美于一体，将人类社会和大自然多姿多彩的风貌，十分和谐地融入语言文字之中，蕴含着中华民族赖以生存发展、兴旺发达的重要精神力量。语文教育具有极其丰富的德育内容，但是不同于思想政治课程教学，不以理论的灌输和说教为手段，而是在美的体验与感悟中，在美的诱导和陶冶下，激起情感上的共鸣，以"润物细无声"的方式渗透到道德认知中，升华道德情感，从而使社会道德规范和善恶观念潜移默化地影响学生品德的形成，塑造学生美的心灵和美的人格。

语文教育是以美怡情的教育活动。语文教育不是单纯的语文知识和听说读写技巧的教育，更不是一种单调枯燥的机械性的学习与训练，而是具有情感性、意境性、形象性的教育。只要能充分发掘语文教学内容中美的因素，使用适宜的教学方法，就能使学生将对美的追求与热爱和对语文的兴趣、爱好和谐地统一起来，使学生通过语文的学习获得心理上、精神上的愉悦并乐此不疲，并在美的熏陶和美的享受之中成熟与成长。

三、语文教育是思想渗透的教育

《左传》云："大上有立德。"育人是教育的初衷，育人的根本在于立德。语言是思想的物质外壳，语文教育不仅是培养学生的语文能力，更重要的是让学生在习得语言知识的同时，感受语言文字蕴含的思想，提高学生人文素养，促使其精神成人。文质兼美的古今文学作品是作家文学功力和人格魅力的结晶，每一篇文章都灌注了作者的理念、情感和认知，每一个文字都充满着生命的律动和感性的灵光，不仅能给人审美的愉悦，更能给人思想的启迪。

优秀的文人总是善于将对历史、社会、人生的深沉思考，以"寄身于翰墨，见意于篇籍"（曹丕《典论·论文》）的方式寄寓于文字之中，通过游说辩驳、借古讽今、寄情山水等来传达个人的政治追求以及对社会、对人生的责任和使命。无论先秦的孔子、孟子、荀子、庄子、韩非子，还是汉魏晋的司马迁、班固、曹操、陶渊明，以及"唐宋八大家"和明清的宗臣、徐渭、方苞、姚鼐等，均长于将劝谏之词、除弊革新之意以及人生感慨、理想追求寓于各类文章之中，且在今天依然散发着耀眼的光芒。

诸如孔子"知其不可而为之"的积极进取、"己所不欲，勿施于人"的仁爱，孟子"富贵不能淫，贫贱不能移，威武不能屈"的刚强，庄子"心斋坐忘""无为而无所不为"的逍遥自在，司马迁忍辱负重、愈挫愈坚的刚毅，苏轼"宠辱不惊、履险如夷、临危若素"的乐观旷达，范仲淹"先天下之忧而忧，后天下之乐而乐"的崇高等，无不影响着学生的为人处世方式，引导着他们形成积极向上、坚毅达观的性格。孟子之言"舜发于畎亩之中，傅说举于版筑之间，胶鬲举于鱼盐之中，管夷吾举于士，孙叔敖举于海，百里奚举于市。故天将降大任于是人也，必先苦其心志，劳其筋骨，饿其体肤，空乏其身，行拂乱其所为，所以动心忍性，曾益其所不能"（《孟子·告子下》），以舜、傅说等先贤为例，足以让学生懂得经历苦难对于培养自身品格的重要性与必然性。司马迁以"文王拘而演《周易》；仲尼厄而作《春秋》；屈原放逐，乃赋《离骚》；左丘失明，厥有《国语》；孙子膑脚，《兵法》修列……"为精神支柱，忍辱负重，发愤著书，成就不朽巨著《史记》的史实，激励着学生奋发向上。可见我国古代散文作家的品格、其作品的内涵，不仅可以让我们体味五千年文明积淀的中国人特有的美学境界，还能找寻到铸炼我们灵魂的烈火、滋养我们自强不息的强大精神力量。

第四节　语文教育的本质观

如德国哲学家雅斯贝尔斯所言，教育是"一棵树摇动另一棵树，一朵云推动另一朵云，一个灵魂唤醒另一个灵魂"（雅斯贝尔斯《什么是教育》）的活动。曾任耶鲁大学校长 20 年之久的理查德·莱文则认为"真正的教育，是拥有自由的精神、公民的责任、远大的志向、批判性的独立思考、时时刻刻的自我觉知、终身学习的基础以及获得幸福的能力；真正的教育，是不传授任何知识和技能，却能令人胜任任何学科和职业，这也是判断一个人是否受过真教育的标准。"这两段话，启迪着我们如何认识教育的本质，当然也包括对语文教育本质的认识。

一、语文教育本质的典型观点

与以上对语文教育属性的分析相联系，在关于语文教育本质的讨论中，虽然有诸多不同的认识，但概括起来，主要有以下三种。

1.语文是一种工具，故工具性是语文教育的本质属性

语文是人类最重要的交际工具。如果没有这个工具，一切社会活动，人类的一切进步，就会无从谈起。故认为，语文教育就是语言训练，旨在培养学生运用语言文字的能力。这种观点重在强调语文教育的工具性价值与功能，但忽视了汉字在作为工具的同时亦蕴含着丰富的情感与思想等。

2.工具性和思想性是语文教育的本质属性

这种观点认为语文不仅是一种交流思想、表情达意的工具，还具有鲜明的思想性；语文教育的性质是工具性与思想性的统一。强调语文学科的思想性和语文表情达意的功能，应该说是抓住了"语文"这个工具的特性所在。但是，过于强调"思想性"，会导致语文教育偏重思想内容分析、倾向于思想政治教育。

3.人文性是语文教育的基本性质

这种观点认为语文学科既具有工具性和思想性的特点，还具有知识性、文学性、审美性、文化性等特点。前者为本质属性，后者是从属性质。

二、产生本质观分歧的主要原因

对语文教育的本质之所以会产生认识上的一些分歧，其原因大致有如下几个方面。

1.语文学科教学本身的原因

语文教学内容的丰富性、教学目标的多维性和教育功能的多重性等，容易使不同人对语文教育本质的理解和认识不一致。

2.时代与社会方面的原因

不同的历史时期和不同的社会发展阶段，对语文教育的本质往往有不同的看法。如20世纪90年代中期展开的那场"语文教育大讨论"，是由整个社会和语文教育界对人文精神的关注引发的，其主题是弘扬人文性，对工具论进行重新审视和批判，倡导崇高与人文关怀的价值理想。在那场大讨论中，主张工具论者与弘扬人文论者是针锋相对的。主张工具论者认为，十多年来语文教育改革的一个重要理论收获，就是肯定了语文学科的工具性。如果把语文教育没搞好的原因归结为强调了工具性，这就离谱了。语文教育不能丢弃了工具性，不能忽视扎扎实实的语文训练。弘扬人文论者认为，工具论的谬误在于把语文教育形式上的任务当作根本性的任务，把具有丰富人文内涵的语文教育，当作只供技术化操作的"工具"来对待。两者的认识与分歧具有特定的时代特征。

3. 有关教学与研究的思路和方法方面的原因

"语文"可以分为"语言文字""语言文学""语言文化"。不同的教师在教学和研究活动中侧重点不同，甚至完全相异。如从事语言教学与研究工作的，强调其工具性；而从事文学教学与研究工作的，则强调其文学性和审美性。这种片面性和绝对化，也是造成认识分歧的原因之一。

三、树立科学的语文教育本质观

无论持何种观点，有怎样不同的认识，可以肯定的是，语文教育的本质观，类似于一个控制系统的中心键，控制着语文教育这个山川交错、重峦叠嶂的复杂世界，传导着语文教育的观念与智慧、理想与追求，掌控着变革及其实践探索的节奏。语文教育的本质统摄语文教育全局，既决定着语文教育的理念，又影响着语文教育的发展，掌控着语文教育的方向，还制约着语文教育的行为。它是语文教育理论中执一驭万的关键和枢纽，因而一直受到语文教育理论界的普遍关注。在文化日益繁荣的今天，语文教育理念不断更新，教学模式和教学方法不断改进。因此，我们应该全面认识语文教育的本质，树立科学的语文教育本质观。

作为承担祖国语言和文字教育的语文教育，同一般语言、文字教育既有相同亦有不同。对于中华民族而言，汉语不仅是汉民族文化的载体，也是汉民族文化的构成。汉民族的文化精神主要是通过汉语来传播和发展的，汉语浸透着汉民族文化的精髓。语文教育作为民族的母语教育（母语即我们的汉语言），从根本上说，就是民族精神的外在显现，民族精神是汉语的内在灵魂，二者血肉同构、相协并举。母语和传统文化是一个国家和民族的灵魂。母语教育是整个国民教育的基础，语文素质是文化科学素质中最重要、最基础的部分。汉语除了是交际的工具，同时也是中华民族成员智育、德育、美育的综合体现，是一种民族精神的源流，其中蕴含着浓厚的人文精神和时代特征。语文教育担负着传承、弘扬、发展祖国文化和发扬民族精神的任务，丰富着中华民族的文化底蕴，并为不断创造新的文化提供新的根基。语言文字学习和运用的过程，是传承民族文化的过程，同时也是走近历史、聆听先人智慧声音的过程，从中可以触碰到灵性飞扬的民族文化精魂，触摸到气势磅礴的民族文化血脉，体验到跌宕开合的民族情感，感应到奔腾不息的民族精神。汉语积淀的不仅仅是民族文化知识和民族生活经验，更多的是一种民族的精神、民族的灵气、民族的气派和民族的品性。

因此，语文教育是人类生存和发展的坚实支撑，更是人类崇高精神和先进文化活动的必要条件。语文教育不只是语文知识教育，还承担了个人发展和民族文化传承及发展的艰巨任务，更包括了人性教育和民族文化教育。在当代社会，面对错综复杂的大环境，语文教育作为中华民族的母语教育，就是要让学生在语文天地里感受到大千世界的广阔、丰富与饱满，使每个学生都能自如自觉地找寻属于自己的位置；在引导学生获取语文知识，拥有语文能力的同时，使学生真正领悟到中华文化的博大精深、意蕴无穷，使他们更加热爱自己的母语，提升他们的人文素养，培养他们的文化自信和民族自信，为他们的未来发展奠定坚实的精神基础，使他们可以从容应对来自外界的任何挑战。

语文教育不仅在人的发展中起基础性作用，也在人的全面发展中起着决定作用。语文教育以它独特的魅力滋润着学生的心田，呵护着学生的健康成长和全面发展。一个人只有受过语文教育潜移默化的影响，才能拥有完美人格，才能实现个人的可持续全面发展。

第二章　大学语文的性质、特点与任务

第一节　大学语文的性质

语文是"语言""文字"与"文章"的统一，是人们交流思想、传递信息、获取知识技能不可或缺的手段。由此可见，语文的工具性、人文性和综合性便成为它的本质属性，包括大学语文。

一、工具性

工具性是大学语文的基本特征。在进行大学语文教学时，教材发挥着较为重要的作用。教师按照课程要求设计教学内容，使教学具有一定的科学性，从而使大学语文课程体现出工具性的特点。大学语文具有较强的实践性，在生活、学习中被广泛应用，并且还具有向其他科目渗透的趋势，因此，获取知识、养成良好的学习习惯是开展大学语文教学工作的主要目的。例如，学生学习过诗歌部分的内容之后，就能够了解对仗、押韵等诗歌特点，并能够在写作时应用这样的诗句，进一步提高语文应用能力。另外，良好的语文习惯是通过大量练习得来的，学生练习时主要依托的是大学语文教材。所以，大学语文教材为大学语文教学工作提供了重要依据。

大学语文教材具有德育能力，使学生在学习中能够形成良好的人生观、价值观和世界观，并对人格品质的形成有一定的影响。由于大学教材内容中具有爱国主义色彩文章，如《苏武传》《祖国，我亲爱的祖国》等，学生学习这一类文章能够形成爱国情怀，感受中华文化。另外，大学语文中不少文章蕴含丰富的哲理，学生在学习中能够了解为人处世的方式，并能够发挥教材的人生指导意义，提高教学的有效性。

语言作为交流的工具，其内容具有大量的信息和知识。大学语文作为一门语言类课程，能够潜移默化地影响学生的文学能力，使学生能够在提高文学能力的同时，启迪思想智慧。在教学的过程中，传统文化的弘扬和人文精神的塑造也是通过大学语文的工具性实现的。例如：在教师带领学生进行写作练习时，学生会应用文字将自己的真情实感表达出来，鉴别假丑恶，弘扬真善美，使语文综合能力得到进一步提高。

大学语文教材中的内容十分丰富，怎样才能转化为学生的能力，还教师需要在教学中对课程内容进行合理分析，为不同需求者提供思想文化与语言技巧的丰富内涵与取向标准。但大学语文能否顺利实现工具性所体现出的文化与技巧功能，还取决于学生本身的兴趣爱好与教师实施的方式方法。大学生的语文综合能力参差不齐，传统的教学方法大多按照大部分学生的学习能力进行教学，导致部分学生语文成绩得不到提高，甚至失去学习兴趣。为了合理利用大学语文教材，教师需要先了解学生的语文综合能力，并使用适当的方法进行教学，引导学生进一步了解语文课程，使学生逐渐树立正确的审美意识。另外，在教学过程中，教师应对优秀作品进行重点讲解，使学生能够潜移默化地提高大学语文综合素养。教师在教学中有针对性地对学生进行指导，能够帮助学生感受大学语文中的美，使学生树立健康的心灵，掌握生动形象的语言表达技巧，从而发挥出大学语文课程的工具性作用。同时，教师在授课时，还需要先了解教材的整体结构，并根据教学需求设计教学内容，保障教学工作能够满足不同学生的发展需求。但由于部分教师对这一工作的重视程度不够，没有丰富教学内容，导致大学语文教材没有发挥出工具性的作用。为了改善这一现状，教师需要提高大学教学水平与重视程度，并根据学生的兴趣爱好、学习情况合理设计教案，使大学语文教学工作达到培养全面人才的作用。

二、人文性

人文性能够体现出人类文化精神，是文化精神和价值理想的统一。人文精神是以积极的价值信仰确定生命的意义，以正确的伦理观念培育人际关系，以崇高的理性精神探索存在的规律，以自觉的公民意识参与社会事务，以坚定的文化自信传承民族传统，以高尚的审美理想创造美的世界。人文性的内涵是将真善美作为核心价值追求，推动人类文明进程发展。大部分大学语文教材在编写时将汉语言文学的发展历史、民族文化等内容融入其中，使大学语文具有特定的人文性。学生在学习时，能够感受到文章内容中的文化内涵，形成健全的人格品质。另外，大学语文课程内容中包括大量的历史、文化、哲学类文章，学生在学习时能够感受到中华文化的博大精深，能够满足学生的学习需求，进一步提高其语文综合能力。学习大学语文教材的教学对象为非中文专业的学生，部分学生对大学语文课程的兴趣不高，因此，为了达到教学的目标，教师需要以提高学生整体文学素养为教学目的，对学生进行诱导教学，带领学生从多角度对优秀作品进行分析，使学生能够感受文学作品的魅力，并得到感悟和熏陶。例如：在设计语文教学课程时，教师可以将文本中的人文特性进行分类，如仁爱、乡愁、自然等；通过这样的方法进行分类，学生能够同时学习到不同类型的作品，并激发内心的情感，强化对主题的认知。

大学语文教育是指导学生学习中华文化的主要活动，大学语文教材在编写时为了达到素质培养的要求，按照文体结构形式进行分类。例如：徐中玉通用教材分为十二个单元，学生在学习这一教材内容时，能够快速了解不同单元的结构模式、主体内容，进一步提高学习效率；夏中义版的教材以人文性为主线，将课程内容分为十六个单元，为每个单元设计一个主题，并在文章之后增加相关链接，达到丰富学生大学语文综合能力的目的，达到培养人文素养的目的。另外，部分教材在编写时按照文学结构进行编写分类，如彭光芒版的教材按照发展顺序进行分类，使学生在学习时能够进一步了解文史知识。由于这一形式的教材较为系统，并具有人文性，学生能够了解不同时期语文的发展情况，进一步提高语文教学效率。学生在进行学习时不仅能够提高其写作、表达能力，还能够通过文学作品提升民族认同感，了解中华文化的人文性。

　　语言作为重要的思维工具，具有五千年的文化历史，是中华儿女的根。大学语文教育对个人的思维发展有一定的影响。大学语文教材具有人文性的特点，能够承载其他教育意义，但部分教师对引导学生学习民族文化的重视程度不高，导致大学语文教学降低了有效性。为了改善这一现状，教师需要提高重视程度，并按照教材内容、设计方式进行教学引导，进一步提高学生的民族感，使学生成长为具有民族根的人，达到开展大学语文教育的目的。另外，大学语文教材在编排时按照不同类型进行整理，能够提高学生的语文综合能力。但部分学生在学习一段时间后，会产生枯燥感。为了改善这一现状，提高大学语文教学的有效性，教师需要在教学时按教材结构合理设计课程，提高学生的学习兴趣，发挥大学语文人文性的特点。

三、综合性

　　学生在大学阶段主动进行大学语文课程知识的学习，并成为学习的主导者与实施者，知识面不断拓展，综合素养不断提升。这一过程能够体现出大学语文的综合性。大学语文学科内容多样化的特点，使学习这一内容能够达到文化传承的目的，升华学生的精神文化。大学语文学科具有教育职能，教材内容包括文化、文学、哲学、历史、宗教等综合性内容。从文学的角度对大学语文教材进行分析，能够发现其中存在大量经典文学作品，呈现出传统文化精髓。中国古代的道家、儒家思想对文学有一定的影响，部分经典作品能够体现出儒家思想，因此学生在学习时，能够感受到天人合一，发挥出大学语文教材的综合性特点。另外，传统思想文化在今天依然具有较为重要的意义，因此学生在大学阶段学习语文时，能接受到传统文化的熏陶感染，提升自身语文综合能力。加之教师合理使用语文教材内容，结合历史文化的拓展引领，更能体现出大学语文综合性优势。例如：在设计《乡愁》这一文章的课程时，为了激发学生的学习兴趣，教师需要在课程中融入政治、历史、地理等方面的知识，使课程具有拓展学生思维的意义。

由于中华传统文化将人生境界与审美境界联系起来，文学作品能够传达出这一内容，大学生在进行语文学习时，能够感受到作品的魅力，体会到作品传达的思想。教师在进行课程内容讲解时，将文学作品内容含义延伸到社会生活中，达到精神文化传承的目的，发挥出大学语文教材综合性的意义。此外，教师在进行教学时，为了使学生进一步了解文本含义，应在讲解时引入实例，并创建相关的文学情景，提高学生的民族情感，帮助学生树立正确的人生态度，提高教学的有效性。大学语文课程具有不同的特点，并且语文教育的目的是育人，因此教师在进行教学设计时，需要对课程内容特点进行统一，并使用适当的方式进行教学，发挥出语文课程综合性优势。

大学语文是一门综合性较强的学科，学生良好的文本分析能力能够提高其他课程的学习效率，直接影响其他课程的学习质量。人们生活、工作中都需要应用语文，大学生虽然在先前学习阶段接受了 12 年的语文教育，但为了进一步发展，为今后的工作奠定良好的基础，需要在大学阶段继续学习语文。历史中具有重大成就的科学家，不仅专业领域非常优秀，而且具有较强的文学鉴赏能力与良好的文字表达能力，保障其能够应用合适的言语表达研究成果，从而体现出语文的综合性和重要性。另外，学生在进入社会工作时，需要用语言陈述自身观点，表达自己的不同见解。一个能说会写的人无论在哪个行列都会受到重用，考察一个人的综合素质也少不了必要的语文知识。部分教师在教学过程中，为了提高学生的语文综合能力，在教学时将教学内容进行完善，并将其他知识内容与教材进行融合，进一步提高教学质量，体现出大学语文综合性的特点。

第二节　大学语文的特点

一、知识结构的整体性

大学语文教材不同章节的教学要点、内容等都存在一定的联系，并形成相对独立的体系，包含了大量的语言、文学、哲学、历史、宗教、道德等知识。应用这一教材设计教案、课时，能够将总体学习目标与阶段性目标联系起来，从而体现出大学语文的整体性特征。虽然大学语文教材具有不同版本，编者不同，教材结构划分、重点内容设计存在差异，但其知识结构都具有整体性的特点。例如：王步高版本的教材在编写时，按照文学史结构进行编写，其中小说部分按照时代进行划分，学生在学习时能够了解不同时代文学的发展情况、写作风格，进一步提高了学习的有效性。而且，学生之后再自主学习小说类型的文章时，就能够自主分析文本写作风格、写作特点等，提高语文鉴赏能力。另外，大学语文教材为了体现知识结构整体性的特点，在对单元进行分类时，不同单元所体现的重点内容是不同的；教师在设计教学内容时，为了体现知识结构整体性的特点，需要根据重点内容设计教学计划；学生在自主学习时，也能够重点学习重要内容，发挥出大学语文整体性的优势。但部分大学语文教材在设计时，没有将各个类型的文本综合整理，甚至爱国主义情怀不强，难以达到培养学生爱国主义情感的目的。

大学阶段的语文教学时间较为灵活，可以贯穿整个大学课程体系中。虽然学生具有一定的语文学习基础，但是大部分学生对语文综合知识了解不深，提升不够。为了提高教学的有效性，使教材知识结构具有整体性，大部分教材编写人员将课程内容按照结构类型进行分类，使教师能够有针对性地进行课程讲解。例如：在学习散文时，教师会根据教材知识结构引导学生总结散文的特点、写作手法等内容，并引导学生自主创作，达到提高学生写作能力的目的，推动语文教学工作进一步发展，达到提高学生综合能力的目的。虽然运用这样的方法进行教学能够提高教学整体性，但部分大学语文教材缺乏主题，课文之间的联系不强，教师在进行教学工作时，需要浪费较长时间整理教学内容，降低了备课效率。因此，大学语文教材的改进仍需加大力度以实现知识结构的科学性。

由于大多数学习大学语文的学生为非文学专业学生，语文综合能力不高，甚至存在语文知识短缺的现象，在按照知识结构进行教学时，为了提高教学有效性，发挥出知识结构的优势，教师需要在教学之前对这一部分整体结构进行分析，并为课程设定主题，使学生在教学中能够了解教学重点内容，进一步提高教学有效性。另外，由于部分学生对于古代文言文的学习兴趣不高，如果大学语文教材按照文学类型进行分类，会出现一段时间学生学习兴趣不高的问题。为了既避免这一问题发生，又使知识结构具有整体性，教材编写人员需要在大学语文课程结构设计时，将文章类型进行穿插，使一单元中既具有古代文又有现代文，调动学生的学习积极性，进一步提高教学有效性。在针对不同专业开设大学语文课程时，需要提高知识结构的整体性，并明确结构类型，根据学生的喜好进行设计，通过这样的方法设计教学内容，能够使学生转变对语文课程的态度，提高大学语文课程学习积极性，促进大学语文教学工作进一步发展。

大学语文课程教学的主要目的培养学生的创造性思维。在教学时，教师会引导学生积极思考，并鼓励学生提高学习积极性，提高教学有效性。在教学过程中，教师可以设计开放性问题，并引导学生进行整理，进一步提高教学的有效性，促进学生思维能力发展。

二、选文内容的经典性

大学语文的课程性质和学科定位，是大学语文课程开设以来一直讨论的中心话题。与中学语文的区别、在高校学科系统中的地位、学生知识构成中的作用等，成为准确把握大学语文教学的前提。大学语文选文中具有的工具说、文学说、美育说、文化说、人文说、思想教育作用等功能，能够达到情感陶冶的目的，并发挥出选文的经典性。开设大学语文课程的主要目的是提高大学生的文化素质，在其中融入大量经典选文，不仅能够满足时代发展的需求，还能够体现出时代价值与社会意义。通过这一阶段的教育，大学生能够熟悉和掌握传统经典，进一步提高自身综合能力。但部分大学目前使用的教材为通用本，其中内容大都为古代文学作品，教材内容难以满足学生个体学习需求，导致课堂与学生之间存在一定的距离感，降低了学生的学习兴趣。如学生在学习中对小说类的作品较为感兴趣，为了提高教学的有效性，教师可以引入经典作品的同时，融入现代优秀作品。《一只特立独行的猪》较为受学生欢迎，并且其内容能够满足教学需求，为了使教学内容保持与时俱进的状态，并提高教学有效性，教师可以将这一作品融入教学课程中，使教学增加趣味性，并提高教学效率。目前使用的大学语文教材中，陈洪本版教材中的古代文学比重较小，但其古文内容较为经典，能够满足学生的学习需求。

在教学改革不断推进的背景下，大学语文教学为了能够进一步发展，教材应对选文内容进行分类整理，并按照学生的喜好选择教学内容。例如：在对具有时代感的内容进行整理时，需要先将内容按照经典性进行分类，并将国内外优秀的文学作品融入其中，提高大学语文教材的有效性，为教学工作提供依据。在整理教学内容时，教师可以先将教学内容进行分类，并更换部分选文内容。教材部分内容虽然具有经典性，但难度较高，无法为学生进行系统的知识讲解，为了改善这一现状，需要优化教学内容。例如：陈洪本版的大学语文教材内容分配较为合理，并且其中存在较多经典文学，如《秦腔》《语言的功能障碍》等。这些既具有优秀文化传承性又能提高学生模仿能力的优秀选文就具有较强的感染力，在教学时能够提高教学有效性。

由于大学语文教材编写人员不同，其编写思路、编写想法存在一定的差异，在其中应用的选文经典性不同，发挥出的有效性也存在差异。例如：徐中玉版的教材内容注重提高学生能力，其中内容开放性较强，学生能够应用这一教材提高自身语文综合素养；王步高版的教材在编写时添加了脚注，对部分较难的内容进行了整理，能提高学生的阅读效率，并且由于其对语文综合能力较为重视，进而在进行教材编写时，将不同类型、不用结构的文本引入其中，选择的文本内容较为经典，学生在教师的指导下，能够了解文本的内涵，进一步提高学习效率。

大学生已经接受较长时间的语文教育，并已经形成了一定的文学素养，具备文章分析能力，但大学阶段的语文教育的主要目的是进一步提高学生综合能力，教材中部分内容难以满足学生的学习需求。为了能够进一步提高教学的有效性，教师需要在授课之前对教材内容进行整理，并删掉部分不够经典的文本，引入能够满足教学需求的文本，提高教学质量。另外，为了发挥出大学语文教材的优势，教师需要共同努力提高自身语文水平，加强教学信息反馈，改进教学方法，提高教学有效性，推动教学工作进一步发展。

三、人文精神的隐含性

大学教育具有人文素质教育的责任，进行人文教育能够使学生了解到人生的价值与自由意识。我国人文教育在发展中经历了化民成俗、转识成智的过程，并不断丰富人文精神，因此大学语文教学具有培养健全人格的目的。例如：在大学语文《八声甘州》这一文章的课程中，虽然高中语文也包含了这一课程，但大学教学中对借事抒情进行了深层次的讲解，表现出了课程的隐含性。大学语文教材对教学质量有一定的影响，但部分教师对课程人文性的重视程度不高，导致课程中存在古文过多、课文含义分析不深刻的问题，导致教学缺乏有效性。为了改善这一现状，发挥出课文人文精神的影响力，教师需要在备课时了解课文的含义，并设计教学内容。例如：为了达到提高教材整体质量，并提高学生学习兴趣的目的，教师需要将诗词、散文、戏曲中的人文性进行分析，并进行分类整理，使学生能够在学习中提高语文综合能力，发挥出大学语文课程的有效性。为了提高教材内容的人文精神，需要在设计时引入大量的古代文学作品，提高教材设计的有效性。大学语文课程具有基础性的特点，大学阶段需要学习这一课程的学生为非文学专业学生，其对于中国历史文化了解不足，进而在教学时，存在难以提高学习兴趣的问题。为了改善这一现状，教材编写人员可以在教材中增加科技说明文，将形象思维与抽象思维有机结合，让学生提高对其他领域的了解程度，进一步提高教学的有效性，提高学生的学习兴趣。

大学语文课程能够帮助学生了解社会，为其从业后的工作奠定良好的基础，教师在设计课程内容时需要选择贴近生活实际的内容，使教学具有一定的时代感。例如：教师可以在设计教案时，将生活中的人文精神实例与文本联系起来，并按照学生的个性爱好选择篇幅小内容精练的文章，在教学时加以引导，使学生感受人文精神中的隐含性，发挥出大学语文教育的意义，提高教学有效性。在网络快速发展的今天，网络文章质量不断提高，学生对其关注度较高，为了提高学生对课堂的关注度，教师可以在设计教学内容时适当将网络文章融入其中，引导学生分析作品优劣，提高学生对文章人文精神的了解程度，促进学生进一步提高语文综合能力。另外，应用这一方法设计教学内容能够引导学生关注社会生活，并产生一定的感悟，达到大学语文教学的目的。

　　大学语文教材在编写时存在一定的重复问题，并且部分课程内容与学生的实际学习能力不符，导致教学工作缺乏有效性。另外，由于部分教师在授课时引用的文章较类似，导致教学工作有效性不高。为了改善这一现状，教师需要日常多收集优秀文章，并在备课时引用较新的文章内容，进一步提高教学有效性，推动教学工作进一步发展。高校在选择语文教材时，需要先对学生的语文实际学习情况进行分析，并选择能够满足学生学习需求的版本；教师应将教材中与高中内容相同的文章进行删减，在提高教学效率的同时提高教学有效性，进一步提高教学质量。

四、表达方式的审美性

　　大学语文教材将语言文学、文化知识进行整理，包含一定的思想文化内涵。大学语文课程为传播知识的载体，其结构本身与人的审美相符合，使学生能够进行情感交流。语言是人类沟通的重要工具，能够将自身的想法进行传达表述。随着中华历史的不断发展，大学语文课程内容不断完善，无论诗歌、散文、小说、戏曲，无论叙事论理、写景抒情，都不乏美文美句，对大学生健全人格的塑造会起到直接的影响。教师在教学过程中，需要提高引导力度，使学生能够通过学习优秀作品，提高课文审美感悟能力，并得到熏陶感悟，以此推动大学语文教学工作进一步发展。

　　大学语文课程的主要任务是提高学生的语文综合能力，因此教材中的内容较为丰富，作品类型较为完善。在教学时，教师应丰富写作背景、作者的生平事迹等，进一步提高教学的有效性，使学生能够了解表达方式中的美，并树立正确的审美意识。另外，在进行语文教学时，教师需要根据学生的性格特点，构建适当的教学方法，保障教学工作能够使学生形成良好的审美情趣。但由于部分学生对语文课程缺乏兴趣，其语文综合能力没有得到提升。为了改变这一现状，教师需要在设计教学内容时，在教案中融入美的形象、意境。在教学时，教师需要对学生加以引导，使学生能够主动分析课文含义，帮助学生形成良好的审美能力，为学生之后的学习工作奠定良好的语言基础。

在科技不断发展的背景下，为了提高大学生对大学语文学科的重视程度，教师需要在教学时引导学生关注社会，思考语文学习的意义，提高对语文学科的重视程度。另外，在进行教学时，为了提高学生的综合能力，教师需要在教学时巩固其语文知识，并带领学生进行语文知识练习，使学生能够主动感悟语文表达方式，提高综合能力。在进行教学时，为了提高有效性，教师可以将现代科技与语文课程内容相结合，以具有趣味性的方式进行教学活动，进一步提高教学的有效性，达到大学语文教育的目的。

第三节　大学语文的教学任务

一、增强母语感染力

母语是人们思维的载体，能够帮助人们进行知识的认知、问题的分析与归纳、思想的表达与信息的沟通。在大学阶段，学习语文能够提高人们语言表达能力，丰富人的内心修养，直接影响其思维能力和创造能力的发展，对其他语言学习也有一定的帮助。大学的语文教育目的是培养高素质语文人才，并且在进行语文课程教学时，教师需要按照教育部门的要求设计教学内容，发挥出语文学科的特点，使课程能够顺应语文教育发展需求。由于中文是我们的母语，虽然学生在进入大学阶段之前，已经学习、应用了较长时间，但大学语文教育的主要目标为提高学生的语文综合素养，在进行教学设计时，教师需要对阅读、欣赏、表达等进行科学设计，进一步提高教学有效性。但部分高校对语文教育的重视程度不高，甚至没有合理安排教学课时，导致大学语文教学工作缺乏连贯性，难以达到教学目的。由于大学语文课程具有一定的整体性，为了能够进一步提高学生的语文综合素养，教师需要选择合适的教学方法，培养学生的审美能力。但部分高校教师还在使用传统的教学方法，教学形式过于枯燥，因此学生的综合能力没有得到明显提高，甚至缺乏学习兴趣。另外，在大学语文学习阶段，为了完成增强母语感染力的教学任务，教师需要在设计教学内容之前了解学生的语文学习情况、学习能力，并研究课程设置、教学设计方式等内容，使教学工作具有针对性，以提高学生对大学语文的阅读、欣赏、理解能力，并掌握母语知识，推动学生进一步发展，进一步提高教学有效性。

由于大学语文课程具有系统化的特点，学生认真学习这一内容能够提高语言表达能力，熟练地应用语文知识。另外，大学语文课程在教学时将培养人文精神作为目标，并以这一目的为依据选择教学文本，进一步提高教学有效性。但部分教师对这一工作的重视程度不高，导致教学工作的有效性不高。为了改善这一现状，教师需要在设计课程时，选择具有典范性的文本，并对学生的综合能力进行分析，合理设计能够启迪思想、道德熏陶的文本，使教学具有生动活泼的氛围，让学生对语文学习产生浓厚的兴趣，并达到增强母语感染力的作用，推动教学工作进一步发展。

二、提升艺术审美力

艺术审美力，又称艺术鉴赏力，是指人感受、评价和创造美的能力。审美感受能力指审美主体凭借自己的生活体验、艺术修养和审美趣味有意识地对审美对象进行鉴赏，从中获得美感的能力。艺术审美能力对学生的思想情感的发展有一定的影响。为了提升学生的艺术审美能力，教师需要合理设计教学内容，提升学生发现美、创造美的能力。在大学语文教学中，教学工作需要发挥出语文学科中的人文性与基础性作用，进而提升学生艺术审美力，推动学生全面发展。但大学语文教学使用传统方法难以提高教学有效性，为了改善这一现状，教师需要提高教学针对性。例如：在教学时，教师需要先对学生进行基本审美能力的培养，并根据学生学习情况进行审美教学，使学生能够进一步提高对语言的感悟能力，从丰富的感悟中得到美的享受。

在大学语文教学中，为了进一步提高教学的有效性，教师需要在教学时帮助学生沉淀知识，并提高学生对文章内容的理解能力，使学生了解文本内容情感，并将文本内容进行升华。例如：在学习《声声慢》时，学生由于接受了较长时间的语文教育，独立对文本进行分析没有问题；但为了发挥出大学语文教学的优势，教师需要从审美角度引导学生进行分析，使学生能够感受李清照的情感，并融入诗人的精神境界，使教学工作达到提升艺术审美力的效果。

教师在教授大学语文时，为了达到提升艺术审美力的目的，需要合理设计教学内容，帮助学生对作品进行感悟。例如：教师在带领学生学习《荷塘月色》这一文章时，需要先分析作品内容，使学生找到作品中传达美的关键词，并感悟到美的哲理，达到美育的目的。另外，文学作品能够展现社会、思想等内容。例如：学习《当》这一文章，学生在教师的引导下能够感受文章中描写的社会状态，感受到作品中美的力量，达到教育的目的。写作是语文教学的主要任务，为了进一步提高教学有效性，教师需要在教学时加强引导，使学生能够感受到语文中的美，并延伸到生活实际中。通过这样的方式进行大学语文教育，学生能够在学习中逐渐形成完善的审美能力。

大学语文教材内容具有多样化的特点，并且蕴含自然、社会等方面的美。在教学时，教师需要将这一内容合理分配到教学工作中，使学生循序渐进地形成审美感受，领会作品中描写的美与丑；学生在学习时对生活实际进行分析，能够感受到提高人文素养的重要性。另外，在语文教学中，教师需要在课前整理教学内容，适当选择文本内容融入现实生活中，并引导学生总结其中的美，使教学能够发挥出美育的作用，提高大学语文教学的有效性。

三、优化语言表达力

大学语文内容具有实践性的特点。因此，在进行教材编写时，要将基本功能作为出发点，注重语言的工具性与美学性特征。另外，为了能够发挥出大学语文教材的教育职能，教师需要合理设计教学目标，使学生能够在长期学习中养成良好的学习习惯，并提高学习效果。由于培养良好的语文学习习惯需要进行不断的练习，而练习的依据为语文教材，因此教师需要应用教材带领学生进行听、说、读、写等实践活动，通过具体的语言环境锻炼学生运用语言的能力，促进学生养成良好的学习习惯。并且在教学时，为了能够进一步提高教学有效性，教师需要带领学生学习其他选文内容，如学习古诗词时，需要应用其他内容分析对仗、押韵等相关韵律知识，使学生能够提高对大学语文教学内容的了解程度，并提高语文实际运用能力。

在大学阶段进行语文教学对学生综合能力发展有一定的影响。在进行大学语文教学时，教师需要在教学之前合理设计教学内容，从学生实际能力与智力发展需要出发取舍内容。例如：教师在教学时为了达到优化学生的语言表达能力，提高教学的有效性，需要先将教学课程进行分类整理，并在教学中添加不同形式的文本，带领学生进行语言表达能力练习，进一步提高教学质量。要想发挥出大学语文教学的意义，教师需要在教学之前了解学生的实际学习情况，因人而异设计教学内容，达到优化语言表达力的作用，促进大学语文教学工作进一步发展。

语文的特点主要表现为语言表达。在进入大学阶段之后，为了能够发挥出语文教学的优势，教师需要进行重新设计，使教学具有科学性，并能达到优化语言表达能力的目的。例如：教师可以在教学之前对课程内容进行合理设计，融入诗歌、散文、小说等文本，使学生能够进一步了解文学形成的过程。在教学中，教师可以带领学生进行写作、阅读训练，提升学生的人文素养与道德品格，进而提升语言使用效果。另外，在教学过程中，部分教师由于重视程度不高，没有对课程内容进行优化设计，导致教学有效性不高，应根据学生的学习情况、综合素养，进行整体教学设计。

大学语文教学中，为了达到优化语言表达能力的教学目标，教师需要在教学中带领学生进行文本翻译、内容分析等工作。另外，在进行教学时，为了潜移默化地优化语言表达力，教师需要合理设计课后作业，使学生能够将课程内容与实际生活联系起来，形成良好的语文综合素养。教师需要在教学之前先设计教学总体构架，并按照教学要求进行引导教学，使教学具有优化语言表达能力的作用。

四、激发开拓创新力

创新是一个民族的希望，是社会文明的象征。教师在进行大学语文教育时，为了使教学工作提高有效性，需要按照教育要求设计教学工作，达到培养学生创新能力的目的。在对大学语文教学进行设计时，教师可以应用问题教学法设计教学内容。例如：在具体教学过程中，教师可以先带领学生分析文本情感，并向学生提出与教学内容有关的问题，激发学生的创造性思维；另外，在教学中营造创新氛围能够进一步提高学生的学习积极性，并培养学生的创新能力。

在大学阶段进行语文素质教育，能够激发学生的学习潜能，并使学生提高创新能力，形成全面发展型人才。大学语文教育的主要任务是提高学生的创新能力、实践能力，使学生能够满足时代发展的需求。为了达到这一目标，教师需要将培养创新能力工作放在重要位置，并整理教学内容。例如：在教学过程中，教师需要引导学生思考解决问题的方法，使学生能够形成解决问题的能力，推动学生形成完善的人格，达到素质教育的目的。在大学语文教学时，为了能够进一步提高学生的创新能力，教师需要使用新的教学手段、教学方法进行教学工作。为了全面提高学生的综合素养，教师需要提高人文艺术知识，了解思想家的智慧、人文知识、自然景物等内容，以在教学中促进学生思维能力发展。另外，大学语文课程内容形式具有多样化的特点，形式类型较为丰富，学生在学习时，能够形成较为完善的形象思维，并激发开拓创新力。

大学语文教学中，由于学生的创新能力存在差异，导致教学工作难以稳定运行，为了改善这一现状，教师需要在教学时引导学生分析作者的思维成果，并以作者的思维方式进行思考，提高教学的有效性。另外，为了使教学达到激发开拓创新能力的目的，教师需要在教学之前对文本内容进行全方位的审视，并将自身作为发现者、研究者了解文章内涵。在教学时，教师需要带领学生进行课程内涵分析工作，潜移默化地提高学生的思维能力，进一步提高教学的有效性。教师在设计教案之前对学生的实际学习情况进行分析，并选择合适的文本引入教学中，带领学生分析教材中的思想情感，逐渐形成较为完善的课程内容，达到大学语文教学的目的，推动学生进一步提高语文综合素养。在教学中，教师在需要按照相关教学标准、课改需求设计教学形式，推动教学工作进一步完善，并达到激发学生开拓创新能力的目的。

五、丰富人文知识素养

人文素养中的"人文"，可以作为"人文科学"进行分析（如政治学、经济学、法学、社会学、伦理道德等），"素养"是由"能力要素"和"精神要素"组合而成的，可以了解到人文素养即为人文科学的研究能力、知识水平和人文科学体现出来的以人为中心的精神，即人文知识对人的熏陶感染经过个人内化升华后所表现出来的人格、气质及修养。大学语文教育是我国民族文化的载体，可以陶冶情操、感悟人生、丰富感情、完善人格，促进人文素养的形成与发展。

为了提高教学工作的有效性，教师需要对大学语文教学工作进行优化，把教学重点放在学生人格、气质、修养的培养上，并通过优秀作品潜移默化地影响学生的个人素养，使学生形成良好的个人品质，为今后工作、学习奠定良好的基础。

由于教学氛围对学生学习积极性有一定的影响，为了能够进一步提高教学科学性，教师需要在设计教学内容时将文学、哲学、历史、宗教、文化、思想道德等内容融入其中，并对教学结构进行优化调整，在潜移默化中提高学生的民族自尊心和文化自豪感。部分古代文学作品具有较高的精神品格和理想，为了使教学工作达到丰富人文知识素养的目的，教师需要在教学中加强古代文学的教学，因为非中文专业学生的古代文化知识相对欠缺。例如：在教学中，教师可以将《典论·论文》《左传·襄公一十四年》等经典文学作品融入教学工作中，进一步提高教学效率，发挥出大学语文教学开展的意义。现代文学中同样有许多人文素养极高的文学家，如鲁迅、郭沫若、茅盾、巴金、老舍、曹禺等，他们的作品是人文素养教育不可多得的典范。还有部分当代作品展示了社会中的矛盾与人文知识，教师在设计教学内容时可以将这部分文学作品融入其中，使学生在学习时能够进一步提高人文知识素养能力。

大学语文教学具有德育功能，学生阅读相关文本可以了解文章中的价值观、人生观等，教师在这一阶段可以对学生进行适当的引导，使其树立正确的信念，形成丰富的精神世界。另外，为了在教学中发挥出丰富人文知识素养的作用，教师需要有针对性地选择教材内容，例如：教师可以选择《离骚》《苏武传》等内容对学生进行爱国主义教育，使学生能够丰富人文知识素养，并促进其提高道德修养。大学阶段的语文教学还需要对学生进行语文基础教育，提高学生的语文综合能力。

第三章 大学语文素养系统

第一节 语文素养系统的构成

一、语文素养的内涵、层级和维度

我国语文教育界对语文教育的目标或者说是语文教育的核心，有几个习惯的提法，即语文能力说、语文技能说、语文素质说和语文素养说。2003年颁布的《普通高中语文课程标准（实验）》指出："高中语文课程应帮助学生获得较为全面的语文素养，在继续发展和不断提高的过程中有效地发挥作用，以适应未来学习、生活和工作的需要。语文课程必须充分发挥自身的优势，弘扬和培育民族精神，使学生受到优秀文化的熏陶，塑造热爱祖国和中华文明、献身人类进步事业的精神品格，形成健康美好的情感和奋发向上的人生态度；应增进课程内容与学生成长的联系，引导学生积极参与实践活动，学习认识自然、认识社会、认识自我、规划人生，实现本课程在促进人的全面发展方面的价值追求。"语文素养的提出，标志着我国语文教育界对语文学科的性质、地位、目标和方法进行全面反思之后进入了一个新的认识阶段。

由于国家迄今还没有制订大学语文课程标准，许多开设大学语文课的高校自己编写的教学大纲通常以在高中的基础上"进一步"提高学生的语文素养来表述。高中语文课程标准对语文素养的阐述全面、深刻，已经具有相当的高度。大学语文的"进一步"意味着在高中基础上知识的掌握进一步拓宽和加深，能力的运用上进一步自觉和熟练，精神的培育上进一步自由和高尚。大学语文更加注重创造能力的培养、人文精神的熏陶和完美人格的形成。大学语文作为一种精心选择组织的文化，它的最高目标是在我国和世界进步文化的涵泳中孕育成熟大学生的独立人格和自由精神。

语文素养是一种以语文知识为基础，以语文能力为表现形式，以人文素养为灵魂的包括众多语文要素在内的认知功能的运动系统。如果把语文素养的构成要素归纳一下，大致有以下十一个方面的内容，可以称为语文素养系统的构成要素。语文素养要素正是语文教育要实现的目标，深入研究语文素养要素的层级和维度，对于理解大学语文课程的内部结构，考察语文教育的规律，提高教育成效，都具有重大意义。

语文素养系统的要素包括：（1）字词句段篇的积累；（2）语感；（3）思维；（4）识字写字、阅读、写作、口语交际的能力；（5）语文学习的方法和习惯；（6）知识视野；（7）文化品位；（8）审美情趣；（9）情感态度；（10）思想观念；（11）个性和人格。

语文素养从外至内可以分为四个层级：

第一个层级：听说读写。

第二个层级：语文知识、言语技能、语文感觉和语文思维。

第三个层级：语文的动机、情感和态度、语文习惯和语文行为的意志。

第四个层级：言语主体的思想品德修养、文化知识积累、智力水平、人格个性以及具体的言语环境等。

第一个层级是显性的言语行为，表现为言语的实践能力，是主体参与生活、作用于客体的重要手段。第二个层级是支配听说读写行为的智能因素，制约着显性言语行为的质地和速度。第三个层级是极为潜在的心理因素，参与和支配言语实践，为言语实践提供动力支持，是言语实践取得成效的保证，同时也影响着言语成果的质量。第四个层级是言语行为的背景，是一个人长期文化生活的积淀，其中的言语环境对这种积淀产生一种刺激和召唤。这个层级是语文素养中的最高层次，既是稳定的，又是在言语过程中发展的；既是在言语行为中随时显露出来的，又是相当持久的。

这四个层级清晰地揭示了语文素养存在的不同状态：有显性的，更多的是隐性的。有的已内化为人格修养，融入人的生命之中，有的则外化为支持人的言语行为的技能。

语文素养是一个具有强大生产能力的完整的系统，深刻地反映了人的整体性。语文教育就是培养和发展学生的语文素养。学生语文素养的提高，标志着他们生命层次的提升。由此，最终使学生达到适应生存和创造性生活的境界。

语文素养各要素是在三个维度上展开的，即知识和能力、过程和方法、情感态度和价值观。

字词句段篇的积累、知识视野，是属于知识的范畴；语感、思维、识字写字、阅读、写作、口语交际表现为能力。语文学习的方法和习惯属于过程的范畴。文化品位、审美情趣、情感态度、思想观念和个性人格则是情感态度和价值观的体现。

知识和能力是奠基性的，是语文学科质的规定性得以存在、显现的基础，也是语文学科得以发展的依托。过程和方法是知识和能力、情感态度和价值观得以实现的手段、途径。情感态度和价值观既是语文学科教育的重要目标，又是实现知识和能力、过程和方法目标的动力。

这三个维度的内容并不是像积木一样一层层搭起来的，而是相互渗透，融为一体。各个维度的要素之间相互作用、相互制约，一个维度内容的缺乏将导致其他维度内容的崩溃。

二、大学语文素养系统的特征

和中小学语文相比，大学语文素养系统有自己鲜明的独特性，更广泛、更博大、更深邃。大学语文素养系统的存在是客观事实，但人们从系统的角度对它的研究还比较少，而静止、孤立、局部地观察大学语文素养系统，必然导致认识的偏斜和谬误，不能正确认识大学语文素养系统的结构和功能，也必然找不到大学语文教育的正确路径。我们运用系统论的观点来对它做出多角度的分析，以求全面、深刻地理解它，准确、高效地运用它。

我们先从一般系统的特性来认识大学语文素养系统的结构和功能。

系统具有多元性。多元性是指系统是由两个以上的元素构成的多样性的统一，越是复杂的系统构成元素越多，而且差异越大。大学语文是一个由众多元素构成的结构复杂、规模庞大的系统。从学科的角度考察，语文是由知识和能力、过程和方法、情感态度和价值观三个维度的元素构成的。从结构功能的角度考察，语文是由语言、文化、生命和世界四个子系统构成的。构成大学语文的每一种元素也都不是单一的结构。它们又由许多元素构成而且自成系统，甚至是一个更庞大、更复杂的系统。只不过它们是以这个系统中的一部分元素参与到语文素养系统中。

系统具有关联性。系统不存在孤立元素和组分，所有元素或组分之间相互依存、相互作用、相互制约。系统的规律也必定要通过要素之间的关系体现出来。存在于整体中的要素都必定具有构成整体的相互关联的内在根据。要素只有在整体中才能体现其要素的意义。语文素养系统中的各种元素相互作用，共同发挥语文的功能。任何元素一旦疏离语文素养系统，都必将导致语文整体功能的减损。语文素养系统的功能决定于系统中最不活跃的那种元素，而不决定于最活跃的元素，这种状况和"木桶理论"极为相似。

系统具有整体性。系统是所有存在差异的元素共同构成的复合统一整体。一个充满活力的系统的各元素必然表现为某种有序状态，而且这种有序状态必定是有一定方向的。也就是说，语文素养系统的整体性是跟它的有序性和方向性紧密相连的。语文素养系统的秩序是人的认知规律。语文活动是一种认知实践。众多的语文元素在认知实践中遵从认知规律并在认识过程中发挥各自的作用。语文素养系统的方向是认知过程中的价值取向。

语文素养系统的内部结构属于耗散结构。其结构的状况决定着这个系统功能的发挥。结构的畸形、混乱将导致系统功能的减弱。结构状态的合理性是系统功能实现的内在依据或方式。语文素养系统具有相关性、开放性和动态性特征。

语文素养系统内部各因素的相关性是由耗散结构的非线性决定的，是指语文素养系统内部结构的各要素不是以一种线性状态存在的，也不能各自独立地发挥作用，而是各个要素相互影响、相互制约，一要素增强或减退，将导致另外一个或几个相关要素的增强或减退，从而影响系统整体功能的发挥。语文知识积累的增多，将使阅读能力增强；阅读能力增强将有利于培养写作能力。反之亦然。良好的情感态度和价值观将给知识注入生命活力。语文能力、生命意志、言语成果等要素是相辅相成的，其条件关系、因果关系十分紧密，且又往往产生转化和迁移。语文知识和语文能力具有基础性，是显性的材料和工具。过程和方法处于中间的位置，是知识和能力、情感态度和价值观连接的桥梁，其状态是以语文要素的流动方式呈现的。而情感态度和价值观是前两个层次的动力和内容源泉，离开了这一层次，前两个层次将会瘫痪；而离开了前两个层次，它将无以表达和实现，从而沦为虚无。但是，当这些要素存在于一个人的身上时，它们是综合的、交融的。

开放是耗散结构获得活力的必要条件。语文素养系统的开放是其获得生命的基本保障。一个封闭的系统将因为熵增引起结构老化，导致功能衰退，必须引进负熵才能激活结构，恢复和发展系统的功能。所以开放的系统必须与外界不断进行物质、能量、信息的交换运动。对语文素养系统来说，要充分开放边界，不断引进大量新鲜的语文材料，特别是引进一些异质的语文材料，对系统的原有结构产生冲击，从而实现语文素养结构的进化。语文学习和现实生活密切联系的观点、综合性学习的观点，就是语文素养系统开放性的要求和体现。我们不能指望在封闭的状态下来培养学生的语文能力。

系统的进化过程就是一系列的各种动态的平衡过程。这种动态平衡的演化导致水平愈来愈高的复杂组织的出现。平衡是相对的，运动是绝对的。实现动态平衡的条件是系统与外界环境中物质能量和信息的交换。在语文素养系统中，知识的不断积累，价值观层次的不断提升，会促进系统向一个更高水平的演化。语文素养的各要素也只有在动态平衡的过程中才能表现出来。就是说，语文素养系统的价值是在运动中实现的。语文教学过程要有意识地远离平衡状态，使知识、能力、思想、人格之间产生相干效应，实现个别要素的涨落，从而使语文素养的内部结构开始一个新的动态平衡的过程。

由于语文素养系统具有相关性、开放性和动态性，因此这个系统必然具有发展的功能和实践的要求。发展的功能有两种含义：一是指语文素养系统内部各要素的发展；二是指由此而实现人的发展。人的发展是通过语文素养的发展而实现的，反过来，人的发展又促进了语文素养的发展。这二者本来就是一个不可分割的整体。因此，"语文课程应致力于学生语文素养的形成与发展。语文素养是学生学好其他课程的基础，也是学生全面发展和终身发展的基础。""语文是实践性很强的课程，应着重培养学生的语文实践能力，而培养这种能力的主要途径也应是语文实践，不宜刻意追求语文知识的系统和完整。""应该让学生更多地直接接触语文材料，在大量的语文实践中掌握运用语文的规律。"要"倡导自主、合作、探究的学习方式"。（《普通高中语文课程标准》）语文素养系统动态的进化是通过和外部环境信息的交流而实现的。语文如果离开了外部环境信息的支持，其内部的结构将失去活力，其功能将日益减退甚至丧失。

第二节　语文素养系统要素分析

语文感觉、语文能力和语文思维是语文素养系统中的三个关键概念，都属于"能力"的层次，在系统中居于核心和枢纽的地位。这三个概念既分别独立又互相交叉。大致说来，语文能力居于显性的外层，可以物化出来；语文感觉居于隐性的中间层次，联结语文能力和语文思维；而语文思维则处于最隐蔽的深层，为语文感觉和语文能力提供动力，并通过它们来体现。语文品质、语文精神和语文方法则是属于"情感态度和价值观"的层次，可以认为是语文素养的根系。它们隐蔽地存在于语文素养系统中又对语文能力发挥着主导作用，根植于人的生命深处，在内为人的魂魄，在外为人的处世态度。语文感觉、语文能力和语文思维，语文品质、语文精神和语文方法，共同构成一个人的语文态度。一个人的语文态度和他的生命态度相融合、相消长。

一、语文感觉

语文感觉通常简称为语感。在语文教育史上，语感是在 20 世纪 20 年代提出来的，以后不断有人对它加以阐发，但直到 20 世纪 90 年代才由于对语文教育现状的痛切反思而引起广泛的共鸣，从而成为一个理论和实践的热点话题。虽然如此，人们对语感内涵的揭示也还是不能统一。如："语感是一种文学修养，是在长期的规范的语言运用和语言训练中养成的一种带有浓重经验色彩的比较直接、迅速地感悟、领会语言文字的能力。""语感是感性和理性相统一的一种悟性。""语感是对言语对象的直觉感知和直觉判断。"还有人认为："语感就是对语言直觉地感知、领悟、把握的能力，即对语言的敏感，是人于感知的刹那在不假思索的情况下表象、联想、想象、理解、情感等主动自觉地联翩而至这样一种心理现象。"这些看法从不同的角度揭示了语感的特征。

其实，语文教育界的先辈们对语感已做过非常通俗明了的解释。夏丏尊说："一般作教师的，特别是国文科教师，对于普通文字应该比学生有正确丰富的了解力。换句话说，对于文字应有灵敏的感觉。姑且名这感觉为'语感'。"语感就是对言语正确丰富的了解力和灵敏的感觉力。"正确""丰富""灵敏"三个词准确地揭示出了语感的特征。接着他又举例加以说明："在语感敏锐的人的心里，'赤'不但只解作红色，'夜'不但只解作昼的反对吧。'田园'不但只解作种菜的地方，'春雨'不但只解作春天的雨吧。见了'新绿'二字，就会感到希望焕然的造化之工、少年的气概等等说不尽的情趣。见了'落叶'二字，就会感到无常、寂寥等等说不尽的诗味吧。真的生活在此，真的文学也在此。"这里主要解说的是语感的丰富性，当然正确在其中，灵敏也在其中。对内容的丰富了解，得力于丰富的想象力，而丰富的想象力又源自主体丰厚的文化积淀。我国的文化传统源远流长，在长期的使用过程中，每个词语都浸润承载了丰富多彩的民族生活和感情的内涵，反映了民族的心理和意志———见"杨柳依依"，便心生惜别之意：一见"雨雪霏霏"，就觉得路途多舛。一些平常的事物因文化的负载而具有诸多的象征意义。人们在阅读的时候，对言语的敏感也就是对言语的多重意义联想的能力，此一义彼一义、实义虚义、近义远义，都一齐来在心头，如此，便对作品有了一个透彻的了解。夏丏尊的这段话不仅说明了语感是什么，而且也指出了培养语感的途径。一个对文化传统不甚了解的人，是很难建立起语感来的。

叶圣陶从另一个方面阐明了语感的又一特征。他说："不了解一个字一个辞的意义和情味，单靠翻查字典辞典是不够的。必须在日常生活中随时留意，得到真实的经验，对于语言文字才会有正确丰富的了解力，换句话说，对于语言、文字才会有灵敏的感觉。这种感觉通常叫做'语感'。""要求语感的敏锐，不能单从语言文字上揣摩，而要把生活经验联系到语言文字上去。"唯有经历过、感觉到才能更好地理解它，一个字一个词就是一幅画，一个句子一个段落就是一段生活，真切的生活感受联系到文字上，那文字就化成了心底的涛声。

人的经验有两个来源：一是直接经验，二是间接经验。现代人的间接经验往往远远大于直接经验。阅读是获得间接经验的重要途径。人的直接经验是酵母，间接经验在"酵母"的作用下发生变化，逐渐积淀为人的一种文化修养。

文化积淀之上的丰富联想和个体经验之上的积极参与，是产生良好语感的基础。在这个坚实的基础之上，我们认为语感就是对言语内容的敏锐的感受力。敏锐是说感受得快速和直接，整个心理过程是在一瞬间完成的，显示出直觉的特征。感受包括领悟和体验、理解和同化，对这几个不同的阅读层次和阶段，语感极强的人几乎是同时完成的。

语感的心理过程极为灵动和微妙，放大后加以分析，会发现具有三个特征：一是灵感性，二是无意识性，三是意象化。灵感性是指阅读过程中主体伴随着积极强烈的情感体验，这种情感体验的力量足以唤醒以表象的形式储存于记忆中的生活经验和文化积淀，它们像受到一种魔力的吸引而联翩飞来。反过来，不期而遇的表象又推动情感体验进一步发展，二者相互作用而使阅读过程出现一个又一个的体验高潮。无意识性是指阅读过程中的主体和客体（作品以及作者）达到一种高度的融合和交流的状态，主客一体，物我两忘，"在这种境界中，主体扬弃了'执着'（即用意志动机制约身体运行的状态），从而使主体在无意、无为和自然的状态中实现对对象存在及其规律的豁然领悟"。意象化是说在阅读过程中，语感起于意象，也终于意象。起点的意象侧重于感性的形象，终点的意象侧重于意义化的形象，两个意象之间的跃进过程极为短暂，甚至可以忽略。理解和观照是在一瞬间自动完成的。这三个特征可以概括为语感的直觉性，这是语感最根本的心理特征。

从认识论的角度来说，人的认识过程一般是由感性到理性、由经验到思维的。一般的认识过程就终止在这个阶段，而语感却在这个基础上重又回到感性和经验的层次上。这种回归是理性和思维的直觉：理性和思维的内容退隐到幕后，沉到了底层，成为一种蕴含在言语直觉背后的深层内容。语感之所以能在简明直接快捷的形式中凸显深刻丰富的意义建构，奥妙就在于此。这是在长期的言语实践中由生到熟、化繁为简、变客为主的必然结果。

有的人阅读、写作和口语交际，都可以做到正确、丰富、快速，好像不假思索、如有神助。这是因为他的语感能力很强。语感是一个完整的言语概念，由许多具体的因素组成，也可以由不同的途径来培养。

语感可以分为语音感、语法感、语体感和语义感。语感的培养，在每一个具体的实践环节中可有所侧重。我国传统的语文教育十分重视语感的培养，积累了许多宝贵的经验。

语音感。这里说的语音不单指由声母、韵母、声调构成的音节——每个音节的物质构成和它表示的意义往往有相当紧密的内在联系——还指语气、语调，以及语句的舒缓长短等，言语的声音是由所有这些因素共同构成的。声音是最能直接表达内容的物质形式，对语音的感觉是语感的第一步。

语法感。语法感是指不对句子作逻辑的语法分析而快速感知句子内容的能力，而且能够曲尽言外之意、文外之旨。王力曾说："就句子的结构而言，西洋语言是法治的，中国语言是人治的。""法治的"是说言语的形式是可以进行逻辑分析的，其内部结构十分严密。"人治的"是指汉语不太注重法则逻辑，其组合自由灵活，采用什么形式由具体的语境决定。词的活用、成分的省略和倒置，再加上历代对含蓄简约的推崇，使得汉语作品在形式之外往往留下了大片的"空白"，这就需要阅读者"以神遇而不以目视"，靠自己的经验积累和悟性来参透言语形式的意味。

语体感。语体也称作文体，任何文体都有自己的目的，这个目的又决定了它们各自所采用的不同的表达方法，不同文体的表达方法具有很大的差异。所以，语体感实际上也就是语境感，是对言语目的、构成要素、使用手法的敏锐感觉，是主体对某种特定文体的全部表现形式规范的领悟与把握。离开对一种文体内在语境的敏感，是不可能真正理解言语的，也不可能有效地运用语言来表达。实用文体的目的具体明确，是"实"的，言语准确明了。读和写实用文体往往是为了一个特定的目标。文学体裁的目的则往往是"虚"的，指向人的心灵，作用于人的感悟，言语讲究形象含蓄和有韵味。同是文学作品的诗歌和小说也各有特点。诗主抒情，其手段是意象的运用。读诗需要解读意象的深层内蕴，写诗则要寄情于物，把意义（感情）化为形象。小说是为了塑造人物的性格，展现人物的内心世界，一切景物、行为等描写都是为了达到这个目的。语体感是最靠近言语实际的一种心理特征。它的形成依赖于对文体特点的深刻理解和大量文体阅读的实践活动。

语义感是语感中最重要的部分，居于语感结构的核心位置。语义感的基础是对字词的积累和对意象的积累；积累的量越大，沉淀越丰厚，语义感越敏锐、越丰富。字词的积累除掌握它们的公共意义之外，要特别注重其个性化的部分，就是在具体的言语活动中作者所赋予的带有独特体验的含义。作品的"文外曲致""言外之意""情在言外"，大都是由词语的个性化所催生的。意象的积累就是把自己的经验（直接经验和间接经验）以表象的形式储存在自己的大脑中。作品是由语言构成的，而每一语言符号都指向特定的事物，代表一定的意义。"曰意、曰词、曰气、曰法，之数者，非判断自为一事，常乘乎其机而混同以凝于一，惟其妙之一出于自然而已。"（张裕钊《与吴函父书》）"意""气"依托于"词"和"法"而存在于作品中，它们结合而成为意象。刘勰也说："独照之匠，窥意象而运斤。"（《文心雕龙·神思》）作为阅读主体的读者，唯有头脑中有丰富的意象，才可能被作品的词语迅速唤醒，从而使主体客体的意象对流交结，共同组成鲜明丰富的新的意象群。

二、语文能力

语文能力是指个体运用祖国语言文字，在与他人进行交际的过程中，能对自己的言语实践活动（听、说、读、写）直接起稳定的调节作用的个性心理特征。

语文能力的结构是一个由多种复杂因素组合而成的综合体。然而，从哲学的角度来看，不管一个事物、一个现象多么复杂，其中必有一个因素或一个要素起着关键的、决定性的作用。在一个结构中，这种起着关键的、决定性作用的要素就是这一结构的核心。语文能力结构的核心是思维能力。思维能力有三种形式：动作思维、形象思维和抽象思维。它们在不同学段、不同个体上的发展并不平衡。而语文能力的发展，在很大程度上依赖于思维发展的水平。思维能力发展处于某一水平时，决定着当时语文能力发展的最大可能性。主体言语的特点取决于其思维的特点。因此，语文教学的种种努力，必须高度契合学生思维发展的水平和特点。

语文能力结构中的各要素是不可分割的整体。我们把外在的语文能力划分为听话能力、说话能力、阅读能力、写作能力只是为了研究方便，以及在培养时更具侧重性、更能针对其特点。而在对某一特定语文情境做出反应时，则是一个人全部语文能力而非个别要素的显现。如果经由听话训练使学生在接受他人口语信息时能抓住要点、把握说话者的思想倾向，那么他们在阅读文字材料时把握文章中心思想、发掘文章的深层内涵将会容易得多。同理，当学生的阅读能力得到一定程度的发展之时，对听话的帮助，即对接受他人口头语言信息的帮助也是非常之大的。说话与写作也是这样。虽然不能绝对地讲"能说者必定善写，能写者必定善说"，但至少，能说为善写奠定了基础，能写为善说创造了条件。写作训练也对说话活动中思维的逻辑性，言语的条理性、准确性有莫大的助益。当写作能力发展到较高水平时，即使不写下来，内化于头脑中的逻辑结构也会在说话过程中自动控制说话的条理性。

如果学生不能有效地接受由外部输入的语言信息，那么他们在向他人发出信息时，语言将是苍白的、内容将是贫乏的、形式将是不规范的。他们不可能发出高质量的信息。而当发出信息的能力达到一个较高水准之后，势必对接收信息质量的提高大有裨益。因此，语文能力结构中听说读写四要素各自都具有不可替代性，不能以放弃一种能力的培养来换取对另一种能力的格外重视。对其中任何一种能力的放弃，将导致整个结构的失衡，致使整个语文能力包括格外重视的那一种能力也得不到良好的发展。

语文能力结构是一个开放的结构，语文能力结构不是在封闭状态中运行的。

就其形成而言，它所需要的背景不仅仅是语文知识，还应包括生活经验以及自然科学、社会科学的有关知识。一个人语文能力的形成是多种因素共同作用的结果。因此，语文能力的提高在很大程度上依赖于综合素质的提高，学习语文必须开放边界、精选信息、广泛吸纳。

语文能力的培养有许多途径，我们这里从课程设置和教学的角度来探讨。

第一，积累语言，丰富语感。语文是一门最基础的学科，或者说是一门元学科。"水之积也不厚，则其负大舟也无力"，丰富的言语储备，是言语实践可靠的保证。

言语积累主要有四项：字的积累、词的积累、锦言佳句的积累和精美诗文的积累。熟识三千五百个常用汉字是学好语文的基础。词汇是概念的载体，也是思维的基本元素，词的积累丰富了，表达能力才会提高。锦言佳句是人类思想的精华，是人类对自然、社会、人生、伦理、道德、科学、艺术和哲学的认识精髓，这些锦言佳句，千百年来广泛深入地影响着人们的言语、思想、生存和发展。相对上述积累，精美诗文的积累是更高层次的积累，学生通过这种积累学到的语言不是纯工具性的语言符号，而是体现了民族的思想体系、价值体系、方法体系等。除此之外，积累语言还需要扩大阅读量。

第二，精选知识，重视经验。任何一种能力的形成，都需要知识为其引导和定向。语文知识不仅仅是语言知识，还包括他人的言语经验、言语主体的言语法则等。

社会的语言规律。语言是社会成员的"公器"。有效的社会交际必须遵循约定俗成的语言规律。传授语言规律的目的不仅在于规范和指导学生个体的言语行为，使学生明白自己言语实践的是非正误，从而匡正失误，弥补缺漏；还在于使学生已有的言语感性经验上升到理性水平。

他人的言语经验。语言，作为交际的工具，在实现和发挥它的交际功能时，是语言的各个构成部分——语音、词汇、语法、修辞等规则的综合应用，但是这种应用带有鲜明的个人经验和风格特色。从语言运用的综合性范例中去学习语言，是古已有之的传统。

言语行为的法则。幼儿学习母语是从模仿成人的言语开始的。入学之后，在学习言语作品的同时，进而学习了语音、文字、词汇、语法等系统规则，其目的在于提高读写听说的能力。因而，在语文教学中教给学生阅读、写作、听话、说话的方法和规则是至关重要的。教给学生在表达情意时如何察物、创意、缀言、得体，在读解言谈和文篇时如何感言、辨体、得意、及物，是语文教学的重要内容。这些法则知识可以用来指导学生的言语行为。

第三，训练技能，形成习惯。语文技能对个体言语实践活动起控制执行作用，即确定执行的顺序和处理的方式、变换的方式等。通过对技能的训练，个体在言语实践中可以达到熟练化、自动化的程度。在训练有了一定的强度和速度后，学生的动作要素和顺序将随之发生一些变化和调整。而当这种训练达到一定数量时，学生的动作经验就可以在一定程度上实现内化、类化；能够根据不同的对象，实现自我调节。语文能力包括多种技能，比如读文有认读技能、理解技能、速读技能，说话有言语编码的技能、运用语音表情达意的技能、运用态势帮助表达的技能等。

要特别注意的是，语文技能与其他技能的训练具有明显的区别。学生的言语活动并不纯粹是一种技能技艺，甚至也不仅仅是一种心智活动，而与人的认知世界和情感世界紧密联系。语文课程具有工具性，语文是用来进行言语交际的，因此语文的技能需要熟练化和自动化。但是语文这个工具与其他的锯子、刨子、凿子一类的工具是不一样的，在具有工具性的同时，还具有人文性，人的语言运用也是人的精神活动和情感活动的产物。因此，在进行语文技能训练时，要把它与精神培育和情感体验结合起来，决不能以单一的知识点或技能点代替对言语材料的感受、领悟和内化。

第四，拥抱生活，扩大外延。"语文学习的外延与生活的外延相等"，语文是一门得天独厚的课程，因为它本身提供了贴近学生生活的最大可能，提供了实现学生作为一个人的生命活动、心灵活动的最大可能。听、说、读、写本身就是属于他们的生活形式，本来就是实现生命活动、心灵活动的主要渠道，因此，语文教学可以顺水推舟地把作为学习形式的听说读写自然而然地变为学生的生活形式。

三、语文思维

语文思维是指语文学习活动中特有的一种思维。"所谓语文思维是指主体在读写听说活动中与言语同步展开的思维活动与思维能力，包括对交际对象、情景的辨识、判断，听读内容的领悟、把握，说写目的、思路的确定与调整。"语文思维和形象思维、抽象思维、直觉思维、批判思维、创造思维并不是对立的概念，而是融合的。多种思维形式共同参与语文学习的过程。阅读时的"如临其境""感同身受"是形象思维，对作品中心思想的概括是抽象思维，语感表现为直觉思维，对文章价值的评判则是批判思维，写作又是创造思维。当然，语文学习过程中每个环节的思维活动都不是单一的，往往是几种思维交叉融合，共同推动学习活动的开展。语文思维具有三个显著的特征，即具体性、整体性和直捷性。

具体性是语文思维最基本的特征。虽然数学学科也有图形，也讲想象，但它的图形和想象本身就是高度抽象化的，已经剥离了具体事物的外形。虽然历史学科也举事例，但那事例是删除了细节只剩下"性质"的道具。语文学科完全不是这样。语文思维起源于感性，在上升到理性的过程中也始终不排除感性，而且理性的最终表达也还是靠感性形象来完成的。语文思维是最丰富、最具有情感的思维。从这个意义上说，语文思维最贴近生命的本质。

阅读就是对文字所表达的世界的整体把握。生活中一个个的事物，往往是独立存在的，呈现一种自然的零散的状态，而作品中一个个的词所代表的形形色色的事物，因为一种统一的精神因素的贯注而铸成一个完整的形象，人们在阅读时，就是在想象中牢固地把握住这个形象并对它进行欣赏。写作的过程，就是一个赋形的过程，把意思、感觉通过重复与对比、渲染与敷设等手法赋予以空间感觉上的可能和自由。刘永济说："盖人情物象，往往深迹幽香，必非常言能应其妙，故赖有敷设之功，亦为玉者必须琢磨之益，绘画者端在渲染之能，径情直言，未可谓之文也。"

语文思维的具体性表达的是对生命美（理想、向往、自由）的追求，目标是拓展或建构高远辽阔复杂的分维空间（生命空间、思维空间、情感空间、智慧空间），建立一种共时性精神空间的秩序。

整体性是指语文思维把认识对象作为一个整体来把握，包含三层意思：一是内外合一，即现象和本质一体化，本质就在现象之中，现象就是对本质的说明。二是局部和整体不分。整体是由局部构成的，但语文思维不对整体做割裂的分析。语文中的局部一离开整体往往就失去了生命。如"杨柳岸，晓风残月""古道西风瘦马"，必须作为一个统一完整的意象来观照，才能领悟其意境的妙处。三是纵横联系。系统的观点是语文思维的基础。口语交际中对语境的重视和依赖，阅读中的"知人论世"以及主体的参与和超越，搜集、处理信息过程中对问题目标的考虑以及对学习成果的预想等，无一不是整体性的认知活动。

直捷性。直捷性有两层意思：一是指在第一次读到一个词唤起对应表象的时候，在为表达一个意思而寻找一个词语的时候，往往有一个思索的时间过程，但经过多次反复的运用，记忆就会被积淀下来，所需要的时间大为缩短，直到可以忽略而成为直觉。二是指在听说读写等活动中，主体会主动避开"障碍"运用语言，从而显得"驾轻就熟"，而对"重"和"生"则自动跳过。语文思维的这个特点既可以提高语言运用的速度，也可能降低运用语言的效率。

语文思维的培养途径通常有以下几种。

第一，教给思维的方法。思维的方法主要有抽象和概括、归纳和演绎、分析和综合、比较和归类、系统和具体、联想和想象。

抽象和概括。抽象是在头脑中把事物共同的非本质属性或本质属性抽取出来加以考察的方法。对人物相貌的思考是非本质属性的抽象，对人物性格的思考是本质属性的抽象。概括是在头脑中把抽象出来的事物共同的非本质属性或本质属性联合起来的思维方法。非本质属性的概括是感性的或经验的概括。本质属性的概括也叫作理性的或理论的概括，对作品主题思想的概括是本质概括。

归纳和演绎。归纳是从特殊到一般的思维方法，即根据大量已知的事实，做出一般性的结论。文学作品的分析多是归纳。演绎是从一般到特殊的思维方法，即从一般性的原理出发，认识那些尚不知道的事物。议论文中的理论论证即是演绎。

分析和综合。分析就是把事物的整体分解成各个部分或属性来进行考察的思维方法。综合就是把事物的各个部分或属性联合成一个整体进行考察的思维方法。阅读教学中的分段把握和对重点字词的揣摩是分析，对作品整体的观照是综合。分析的目的是综合，通过分析达到"一以贯之"的境界。

比较和归类。比较是把各种事物加以对比，以确定它们之间的相同点和不同点的思维方法，或者同中求异，或者异中求同。对作品的人物、主题、手法的比较，对占有材料的比较，是语文学习中经常进行的思维活动。归类是按照一定的标准把事物分门别类划成小组的思维方法。一是按照事物的非本质属性归类，二是按照事物的本质属性分类。

系统和具体。系统是把各种有关材料归入一定的顺序或体系的思维方法。语文教学中的列提纲、写板书就是系统化的方法。具体就是把理论知识应用于实际，或用实际来说明理论知识的一种思维方法。

联想和想象。联想是由一种事物唤起相关表象的思维活动。想象是由记忆中的表象加工组合构成新形象的思维活动。语文阅读中的参与、体验和理解，写作中的选材、构思和成文等，都离不开联想和想象。没有联想和想象就没有语文学习。

第二，指出发展思维的途径，充分利用已有的知识经验，从直接经验到间接经验，加深感受和理解。思维是获得知识经验的重要心理因素，知识经验又是开展思维的必要条件。语文感受是语文理解的基础，从自己的知识经验出发，展开联想和想象，和作者的心灵相通，思维才可能活跃起来。唤起、调动、补充相关的知识经验是学习语文的前提。

第三，积极提供多种直观材料，激发学生的思维，从感性到理性，从具体到抽象，推动学生思维的深化。在直观材料的作用下，学生的头脑中会形成丰富的感性知识。语文学习的直观材料大致有三类：一是实物直观，就是在直接感知实际事物的过程中进行，如社会调查、社区服务等综合实践活动；二是模象直观，如教学图表、多媒体教学、参观展览等；三是言语直观，这是语文教学中应用最广泛的直观材料，应选择那些新鲜、形象、优美、富有价值又贴近学生生活的言语材料交给学生，也应鼓励学生自己去搜集、阅读。多接触这类材料是学好语文的必由之路。

第四，丰富学生的语言，以言语活动促进学生思维的发展。从信息论的观点来看，思维的过程就是对信息的加工过程。信息是思维的原料，原料越丰富，思维加工越容易有效地进行。而人类的言语成果是人类所独有的取之不尽、用之不竭的信息源泉，语文也是人类最重要的信息交流工具。因此，在教学中，我们要善于利用这个信息源泉。一是引导学生积累一定数量的字词，背诵、阅读相当数量的言语材料。二是制造和抓住学生"愤""悱"的心理欲求，为思维蓄势。这二者结合起来，思维就能得到有效的培养。

第五，结合实际，创设问题情境，在解决问题中发展学生的思维。思维总是从发现问题开始，以解决问题告终。思维的过程就是发现问题和解决问题的过程，是缓和矛盾达到认知暂时平衡的过程。因此，为了激发和培养学生的思维，教师应结合实际积极创设问题情境，使学生在这种情境中产生矛盾，从而在内心产生困惑及解除困惑。问题情境常以课题的形式设置，它的思维过程是完整和深刻的。其主要的矛盾有学生的预料、期待同课题之间的矛盾，课题内部的矛盾，面对课题时学生认识内部的矛盾等。创设问题情境，也就是抓住并利用这些矛盾来激发和促进学生的思维。

第六，打动学生的感情，为思维的发展提供动力。联想和想象是思维的两只有力的翅膀，而感情则是托浮翅膀的空气。没有感情的参与，任何思维活动都是乏力的，语文思维尤其是这样。感情来自精神的渴望以及这种渴望的实现或者所遭受的打击。语文学习材料中大都蕴含着丰富的感情因素，教师要善于发掘和利用它们，关键的是把它们和学生的精神渴望联系、沟通。感情一旦点燃起来，语文材料就会被这火光所照亮，那字词语句就会活跃起来，迅速地向着一个目标奔跑。这个过程就是学生思维发育成长的过程。

第三节 大学语文素养的价值取向

一、大学语文的精神

就一般意义而论，不光语文学科，实际上几乎所有的学校课程都是以语言文字为载体，都是广义的学习语言。比如动物学里肯定要讲到鸟，讲到麻雀或者老虎；植物学里肯定也要学到树，学到松树或者柏树；天文学里肯定也要学到星星月亮。但是，动物学里的"鸟"已经不是读者看到的树枝上那只"叽叽"鸣叫的让人爱怜的画眉，也不是老舍笔下的那只充满了恐惧的受伤的小麻雀，而是剔除了所有的作为一个小生命的特殊物质实在，只剩下"有羽毛能飞行的动物"这样抽象的概念。在天文学里学习月亮或者星星，着重关注的是它是发光发热的恒星或者是围绕行星运转的卫星，而不关注阅读者在晚上看到的是否是一弯新月或者是使大地一片银白的那轮圆月，而这恰恰就是语文学习所要关注的重点。语文课程所关注的语言具有语文学科的特殊性。

一种语言里的大部分语词，实际上都是个体和群体、感性和理性、具体和抽象的融合。"松树"既指言语者通过直接或间接感知过的不同形状、不同地域、不同大小、不同种类的各种松树，也指"树皮多为鳞状，叶子针形的一种常绿乔木"。个体的、感性的、具体的，主要是语文学科所要学习的对象。群体的、理性的、抽象的和概念的，则是科学学科所要涉及的范畴。语文学科不但为其他学科提供了用以表达的言语符号，而且提供了科学学科赖以进行概括的丰富的表象、事实，没有这些直观的、具体的、丰富的、感知到的表象和事实，科学课程的概念理解就无从进行。

艺术不是一个将我们的感觉材料加以分类的过程。艺术沉湎于个别的直觉，远远不需要逐步上升到一般概念上去。在艺术活动中，我们不是将世界概念化，而是将它感受化。一切真正的艺术首先是诉诸感觉的。恩斯特·卡西尔认为，艺术所运用的语言只是一种特定意义上的语言，它们不是文字符号的语言，而是直觉符号的语言。语言艺术家就是用语言建造一个直觉的感性的世界。所以，语文老师要用语文的眼睛、语文的耳朵和语文的心灵去教语文。大学语文学习首先要明确语文意识。语文以人文为灵魂，人文寄寓于语文之中，语文与人文有机结合起来的枢纽就是语文意识。语文意识是语文素养结构中情意因素的统称。语文意识关注的是语言的物质和精神的存在，要认真听听语言的声音、辨辨它的色彩、掂掂它的分量、摸摸它的"体温"，把它摆在它和语境的关系之中反复审视、掂量、咀嚼、玩味。语言文字的运用绝不仅仅是运用语文的知识、技能、技巧的问题，而是和思想、情感、个性等人文因素密不可分的。语文素养和人文素养具有深刻的相关性。

语文学科的语言大部分是情感的、审美的语言，情感的、审美的语言首先是直观的、直感的语言。"美是理念的感性显现"，这是美学给我们语文学科的启示之一。直观的、直感的语言还应该伴有言说者真挚的情怀和对世界真实的感受，体现出情感的、审美的属性。

情感培养是一种人文素质的培养，也是一种言语素质的培养，二者是可以结合在一起的。语文学科的言语是源于心灵的言语，它应该反映出主体和客体之间真实、深刻的关系。语言运用自如的能力不是仅靠多识字就能养成的，好的文章也不是单凭一点聪明灵性就能写出来的。一个人的生命精神要用优良的语文来涵养，要熟读经典、积聚学养，既广读史书又深知社会、民情，以哲学培育思维，以良知修养德行，最终成为有卓然独立之精神、自由之思想的人。

语文的精神实质上是人的精神。"民族的语言即民族的精神，民族的精神即民族的语言。二者的同一程度超过人们的任何想象。"语文精神是对生命意义的探询和对人类美好情感的向往，是在语言文字中感受各式各样的人生，去体验人类生命中究竟具有什么样的能让我们为之深爱的本性。

大学语文坚持普遍的人文教育必须从一种高于社会直接需求的对人的完整性的认识出发，必须基于一种高层次的文化关切和价值意识。这也正是大学教育立足当下孕育未来的特殊贡献的地方，它以承担培育出来完整的人这个根本性的任务来引导社会的发展。大学语文的意义和价值探索必须借助其他学科提供的方法，如历史、生活文化观察，文献搜集和诠释，社会政治研究等，在语文学科中贯注由哲学或宗教意识所体现的价值和意义探索，否则不能获得有自觉意识的人文导向。

二、大学语文的方法

"方法"一词是来源于希腊文，含有"沿着"和"道路"的意思，表示人们活动所选择的正确途径或道路。《墨子·天志中》："中吾矩者谓之方，不中吾矩者谓之不方，是以方与不方，皆可得而知之。此其故何？则方法明也。"

在当代认识论中，方法具有两个层面的含义：在日常生活和工作中，方法一般是指为获得某种东西或达到某种目的而采取的手段与行为方式，如教学的方法、作文的方法等；哲学上的方法是指主体和客体之间的关系，这种关系给人们指示出关于解决思想、说话、行动等问题的门路、程序等。英国哲学家培根把这种方法称为"心的工具"，认为方法是在黑暗中照亮道路的明灯，是条条蹊径中的路标，它的作用在于能"给理智提供暗示或警告"。

哲学方法是探索实现主观世界与客观世界相一致的最一般的方法，在一定意义上说具有决定性作用，对日常生活和工作解决具体问题完成具体任务的方法具有指导意义。两种方法的区别在于：哲学意义上的方法是人们从什么角度、用什么样的方式来观察事物和处理问题的观念形态，主要解决世界"是什么"和"为什么"的问题。哲学方法论和世界观是一致的，具有根本性；而日常生活和工作中一般意义上的方法主要解决"怎么办"的问题，主要是指解决问题的具体手段，具有可操作性。我们在这里讨论的语文方法主要是哲学意义上的语文方法。

约翰·洛克、德尼·狄德罗、大卫·休谟、恩斯特·马赫等感觉论者肯定感觉的内容来自客观物质世界，是外界事物作用于人的感官而引起的结果，甚至对客观物质世界的存在持"存疑"的态度，干脆认为"存在就是被感知"。人类绝不能越过感官印象而认识它之外的任何事物，都强调感觉是认识的唯一来源，感觉是构成世界的唯一实在。这种感觉主义的认识论虽然有失偏颇，但是注重世界在人的感觉中存在的观念确实是有意义的，揭示了人与世界不可分割的紧密联系，让人时刻意识到生命存在的有根性。

这种感觉主义在我国古代哲学中也能找到许多相通之处。老子说："人法地，地法天，天法道，道法自然。"《庄子·达生》曰："天地者，万物之父母也。"这些都表明人与自然的一致与相通。《周易·文言》从人格的最高理想和最终境界论述了人与天地的合一："夫大人者，与天地合其德，与日月合其明，与四时合其序，与鬼神合其吉凶。先天而天弗违，后天而奉天时。"先秦儒家主张"天人合一"，宇宙自然是大天地，人则是一个小天地，人类只是天地万物中的一个部分，人与自然是息息相通的一体。孔子说："天何言哉？四时行焉，百物生焉，天何言哉？"四时运行、万物生长是天的意志的体现，天是一切现象和自然变化的根源，是宇宙的最高本体。人类的政治、伦理、语言等社会文化现象是自然的直接反映，而且是一种内在的生成关系和实现原则。"夫礼，天之经也，地之义也，民之行也。天地之经，而民实则之。"天地之道是生成原则，人之道是实现原则。所以，人的一切言行都应顺乎自然规律。中国人最基本的思维方式，具体表现在天与人的关系上。它认为人与天不是处在一种主体与对象之关系，而是处在一种部分与整体、扭曲与原貌或为学之初与最高境界的关系之中。"天人合一"既是中国传统文化中的宇宙观，是关于人与自然或者说是自然界和精神的统一问题。

语言的运用，实质上是物我一体、乘物游心，就是遵循自然的规律和法则；只有最大限度地顺应自然，才能够"游心"——以实现精神的自由和解放。

语言运用的任何技法都是一个严肃的态度问题，我们只有全身心地投入，参与、体验、感同身受的"在场"，以敏锐的直觉的方式去把握，揭露出人类生存的真相和本质、表达人类的理想、呼喊出人们心底的渴望，这才是语言文字的意义和价值所在。

三、大学语文教育要重视发展学生的思想

马克思说："一个民族要想站在科学最高峰，一刻也不能没有理论思维。"理论思维的核心是思想的能力。发展学生的思想对大学语文学习、对大学生的

学业建树、对社会的文明进步都具有重要意义。

一个人的思想包括两个方面的内容：一是思想的能力，二是思想的价值。思想的能力就是能思能想，能对人、事、物独立地做出自己的识别、分析和判断。进一步说，就是能够对自然现象和社会现象做出符合因果逻辑的解释，对艺术作品进行富有个性和创见的阐释。这是一个从物质到精神或者从别人的精神成果到自己精神成果的动态的思维过程。思想的价值要看思想的成果对他个人、对社会究竟有没有意义。意义是在诸种事物之间的关系中显示出来的。如果一个人的思想成果对他精神的上升有所推动、对社会的文明进步有所助益，那他的思想就是有价值的。反之，则是没价值的。从本质上说，思想的价值在于对客观事物存在奥秘的发现和揭示。我们所说的发展学生的思想，是指既要提高学生的思想能力，又要使学生的思想具有一定的价值。这两个方面的结合才是我们所期望的教育目标。

从语文教育的特性来看，它要传授知识，更要培育人格精神。在今天互联网日益普及的时代，学科知识的查阅、了解已是比较便捷的事情了，而精神的培育却显得困难起来。对于语文来说，人的精神的高度直接决定着知识使用的效率和方向，崇高的精神能够重新赋予知识以生命。知识是手段，精神是目的。知识和精神既不是包含的关系也不是因果的关系。精神是一种实践性的态度，所以必须在掌握、运用知识的实践过程中养成。

发展学生的思想，语文具有得天独厚的优势，其自身工具性和人文性高度融合的特点，决定了它更应该也能够承担起发展学生思想的任务。

语文学习活动包括了人思维的全部形态。特别是语文学科所独具的语文思维，对学生思想成长的推动力几乎是无可替代的。学生在读写听说活动中，与言语同步展开的思维活动与思维能力，包括对交际对象、情景的辨识、判断，听读内容的领悟、把握，说写目的、思路的确定与调整等。

在发展学生思想的过程中，要注重发挥以下几个关键要素的作用。

第一，异质的思想。和其他产品的生产一样，思想的生产也需要材料。思想生产最优良的材料就是异质的思想。所谓异质的思想，就是面对同一对象，而认识方法、过程，特别是结论大不相同甚至截然相反、尖锐对立的思想。如同不同质的气流相遇会产生降雨或风暴，异质思想的相遇会推动思维，生产出新的思想。异质的思想来源于不同的头脑。每一个主体都是富有个性的独立的个体，每个主体对客体的认识都有特异之处。发展学生思想的第一步便是引入异质的思想。思想的性质越是反差巨大，越是鲜明对立，产生的冲突越是尖锐，在学生头脑中掀起的思维的风暴就越是强劲，就越可能激活思想并产生出高质量的思想成果。

第二，完整的过程。任何思想成果都产生于思想的过程中，任何思想能力也都必须在思想的过程才能得到发展。因此，发展学生的思想能力必须极为重视思想的过程。一个完整的思想过程一般包括以下五个阶段，即确定思想的对象、引进思想的材料、推动思想的进程、产生思想的成果、表达思想的成果。

确定思想的对象是基础的一步，要选准对象，这对象要有思想的价值，暗含着思想的增长点，师生都感兴趣并且有能力把握。引进思想的材料是指引入异质的思想，发表不同的观点。推动思想的进程是尤为关键的一步，要引导学生展开深入的讨论，对各种不同的观点以批判的态度来分析评价，研究各种观点产生的视角、过程及其性质，吸纳其精华，剔除其糟粕，纠正其错误，弥补其不足，在可借鉴之处拓展其内涵。然后就是形成自己的观点，这是一种发现和创造。最后的一步是表达自己的思想成果。夸美纽斯说，任何教学活动都应当生成结果，思想的过程更应如此。表达可以以口头或书面的形式，要重视交流和修正。在这个过程中，应着力寻找支持自己观点的根据，阐发观点和材料之间的逻辑关系，使自己的思想臻于完善并且富于价值。

第三，持续的动力。思想是一种艰苦的脑力劳动，需要提供持续的动力支持。思想的动力来源于不同思想不断深入的对话。语文教学的精神实质就是一场由多方参与的对话过程。各方都在发出自己的声音。各方对话的"媒介"是教材，目标是主体与世界的对话，而终极目标则指向学生主体性的建构。各种不同的思想渐次参与进来，互相碰撞，互相推进，互相生发，像不同的水流汇聚在一起，共同形成汹涌澎湃的思想长河。

发展学生思想是以对话的方式进行的。巴赫金说："一个意识无法自给自足，无法生存，仅仅为了他人，通过他人，在他人的帮助下才展示自我，认识自我，保持自我,最重要的构建自我意识的行动,是确定对他人意识(你)的关系。""思想即涵义的诞生,并不是在某一意识内部,而是在两个意识的交汇点上。真知灼见不是在某一个头脑里飘忽而至,而是两个头脑的接触撞出火花,谁的大脑也不能觊觎独自分泌出思想和真理来。"这里的两个头脑既是两种思想观点,也指两种或多种质类相异的材料,把这些放在一个头脑中才会产生思想。这就是说,对话交流是发展思想的有效方式。

语文教学的"对话"就是作为学习主体的学生和作为客体的学习材料交流、碰撞,从而在主体内部产生出新的意义的过程。"对话"使语文学习真正成为言语的实践活动。语文对话有多个参与者:教师、学生、课文、教材编写者以及潜藏在这个因素背后的自然、社会和人生。从根本上说,对话就是学生和整个世界的对话,课文是对话的凭借,教师是对话的桥梁。其中学生的自我对话最富有建设意义,这是一种反思性对话,是个体对自身内在经验和外在世界的反思。在反思、咀嚼、回味中,学生认识世界、认识自我,从而确认存在、生成意义。在本质上,一切对话都不指向对话本身,也不指向他人或外部世界,而指向对话者自身。

要进行对话,首先要有吸引学生的话题。生命的参与是对话的必要条件,也是动力的源泉。话语来源于生活,来源于真实新鲜的材料,来源于心灵深处的颤动。对话要特别重视学生的感悟。学生作为对话者,一切只有融入他的视野,渗入他的思维活动,意义才能真正生成。意义既不可能被灌输,也不可能被接受。教师头脑中的意义,课文中的意义,不可能移植、粘贴到学生的头脑中去,只有通过学生的体验、感悟等一系列的思维活动,意义才可能诞生。感悟是精神生命在对话中碰撞出来的火花,是学生全身心投入的结果,是与他的"自我"反复对话的结果。对话教学特别注重通过读和写,通过讨论和研究而有所自得。语文课堂上的话语主动权一般来说是掌握在教师手里的,所以教师的态度是营造课堂气氛的关键。他必须是亲切的而不是严厉的,是善于倾听的而不是唯我独尊的,是巧妙设疑的而不是僵化木直的。教师必须是一位打开学生心灵之门的对话高手。

第四节 大学语文素养养成的特征

一、目标的阶段性和适应性

任何事物的发展都既有连贯性又有阶段性，人的认知能力的发展也是如此。皮亚杰认为，随着儿童年龄的增长，其认知发展将发生本质性的变化，表现为不同的认知图式。每一种新的图式的出现，都标志着儿童认知发展进入一个新的阶段。塞尔曼提出的关于观点采择能力发展的模式更能说明这个问题。学生的言语能力、感知能力、记忆能力、解决问题的能力、社会认知和自我认知能力的发展，都呈现出明显的阶段性。

语文素养目标的确定应适合学生认知发展各阶段的水平，这就像播种要适时一样。某一个目标提出得过早，超过了学生认知的阶段水平，学生经过努力还达不到目标，就会产生心理负担，压抑思维的热情，挫伤学习的积极性。而如果某一个目标的提出落后于学生的认知阶段水平，教育的效率会大为降低。因为人才的成长是遵照天资递减律的。儿童的天资，即生理条件，其潜在能力是随年龄的增长而递减的。这就是说，年龄小的时候，生理条件的作用大；年龄大了，这种作用就逐渐减少，甚至减到零。教育，从本质说，就是充分利用生理条件，大力开发天资潜能，在实践中将潜能发展成一种智慧。

大学语文素养的标准只能根据大学生的心理思维特点和专业学习的要求来制定。

大学生情感丰富，喜欢独立思考，感性思维和理性思维都已经成熟。他们的学科知识有了相当的积累，生活交往能力比较强，创造的精神和能力已经初步养成。他们的大学语文学习不仅是学习一门功课，还是为将来工作培养一种技能，甚至于为一生的生活质量准备一种涵养。因此，大学语文学习的目标多元而且崇高。

在口语交际能力方面，大学生应能够平等自如地跟不同职业不同阶层的人群深入交流，能够准确地了解对方的意见，清晰地表达自己的看法；善于劝说别人，用语言的力量组织人们一起工作。大学生应加大阅读量，增加积累，扩大文化视野，培养思想的逻辑性，掌握探究的方法，养成探究的习惯。在感情态度和价值观方面，高中阶段培养学生关心社会、思考人生、热爱人类、热爱生活，对各种文化现象能做出自己的价值判断及正确选择的热情和能力；大学则要在这个基础上养育成熟学生的创造精神和创造能力，从而使学生能够担当起自己的社会责任，自觉追求公平正义和文明进步，同时实现自己的人生价值。在具体教学环节中，语文素养目标的确定和实施，重要的是结合教材，抓住教育时机；要敏锐地捕捉、发掘教材中潜在的语文素养的目标因素。

二、方法的实践性和综合性

实践第一的观点是马克思主义哲学的基本观点。知识是从实践中来的，也唯有在实践运用中才能转化为能力，发挥它的作用。离开了实践，既不可能产生新的知识，连已有的知识也会成为一种漂亮而无用的装饰。因此，我们不可能仅仅依靠定理和原则来培养学生的语文素养，语文教学中的叮咛和告诫往往是无效的；应该在思维活动中发展思维，在情感活动中培养感情，在语言运用中锻炼言语能力。

语文素养是一个多种因素构成的系统，各种因素密切联系、相互作用。任何一个因素都不可能孤立存在，也不可能独立前行。它们之间的这种制约关系决定了发展语文素养方法的综合性，这种综合是广泛的，既指语文素养内部各要素的结合，也指课堂内外的结合，还包括语文学科跟其他相关学科以及广泛的社会生活的结合。

大学语文学习要给学生提供事实（生活事实和言语事实），形成问题（语文活动的目标），说明方法（讨论、协商、交流），指导运用（生成学习成果）。教师要善于采取实践性和综合性的教学形式，让学生参与其中，心感身受，做到语文的成长与人的成长同步。

三、途径的自主性和内发性

学生是学习的主体。这包含三层意思：一是学生都有好奇心，而且这种好奇心可以培养成求知的愿望；二是学生都具有认知的潜能，而且这种潜能可以通过合适的教育方式加以开发利用；三是学生终究是要成长起来的，这种成长不仅仅指生理意义上的成长，更侧重于心理意义上的成长。这就是说，学生的主体性既为教育提供了可能和动力，也是教育的最高目标。

马克思主义哲学认为，事物发展变化的动力在于事物内部矛盾的运动。内因是变化的根据，外因是变化的条件。毛泽东曾说过："人的正确思想只能从社会实践中来。"夸美纽斯认为："在自然的一切作为里面，发展都是内发的。"所以，如果在教育中能够特别注意知识的根芽，即悟性，这种根芽不久就会把它的生命力输送给树干，即输送给记忆，最后输送给花儿和果实。意义唯有在主体的内部产生，不大可能由外部强加给主体。

学生有发展的极大可能性，关键在于使学生得到发展的机会与动力。首要的是吸引和鼓励，以此唤起学生求知的愿望。其次是给学生提供合适的阅读材料。教师应根据学生的兴趣和现实的需要，选取一些新鲜有趣、有价值的阅读材料供给学生，调动学生阅读的兴致，扩大学生阅读量。鼓励学生写读书笔记，凡读书时，皆做笔记。读书时的灵感式的随想，是智慧的火花，随手收拾起来，即可积攒为才华。多作读书笔记是语文学习的有效途径。最后以多种形式展览交流学习成果。语文学习的各种成果应及时展览和交流，以提高学生的自信，激发学生学习的热情。结合阅读和生活，经常提出一些问题让学生思考，组织讨论，并提供必要的帮助，鼓励学生把思考的成果及时表达出来。

第四章 大学语文课程

第一节 语文课程的内涵

一、课程的内涵

"课程"一词最早出自唐代孔颖达的《五经正义》，他为《诗经·小雅》中的"奕奕寝宙，君子作之"作疏说："教护课程，必君子监之，乃得依法制。"从我国古籍记载看，"课程"一词的含义既包括教学科目，又包括这些科目的教学顺序和时间。对课程含义的这种界定影响深远，直到现在，在人们的日常理解和一些教育学教科书中也还认为课程即学科。

在英语国家，"课程"一词对应的英文是"curriculum"，它的词根源自拉丁语的动词"currere"，意为"奔走，跑步"，其名词意为"跑道"（racecourse），隐喻"一段教育过程"。最早采用"curriculum"一词的英国教育家斯宾塞所指的课程也是教学科目，跟我国古代"课程"的含义相近。1918年，美国学者博比特在《课程》中认为，课程不仅包括学科教学内容，还有对教学内容的安排、进程、时限等；课程不限于学科知识体系，还包括情感、意志、技能体系。课程是以一定的教育目的为指导的涉及学生学习的广泛活动。

课程在教育活动中是处于基础和核心地位的，课程问题是学校教育带有全局性、根本性的问题，但由于教育观念的分歧，人们对课程内涵的界定众说纷纭。据美国学者鲁尔统计，课程这个术语至少有一百一十九种定义。施良方将课程定义归纳为典型的六种：（1）课程即教学科目；（2）课程即有计划的教学活动；

（3）课程即预期的学习结果；（4）课程即学习经验；（5）课程即文化再生产；（6）课程即社会改造的过程。丛立新又将对课程本质属性的认识概括为三种：（1）课程是知识；（2）课程是经验；（3）课程是活动。现在，我国对课程比较一致的看法是，"学校的课程是旨在根据教育目的指导学生的学习活动，由学校有计划、有组织地编制的教育内容。它由观念、知识和能力结构，以及与之相应的学生的活动所组成。课程的实质是从一种文明积累起来的文化发展中抽绎出来的，是在对持续变化的社会需要深入了解的基础上对社会文化的不断提炼、改造和序列化。学校教育活动就是要以课程为轴心而展开，才能实现培养目标。"

课程是学校教育中一个关于教育内容及其组织形式的概念。"课程理论研究的是为学校教育提供哪些最有价值的教学内容和怎样有效地组织这些内容，以使受教育者形成合理的素质结构。"课程论不仅以教育内容即"教什么"的问题为研究核心，同时还涉及教育目标的设定以及教育活动的设计和安排，即"为什么教"和"怎样教"的问题。在课程论中，社会、文化、学生之间的关系，是核心的原理问题。传承文化精华，促进学生发展，体现社会价值，是课程论最基本的价值主张。

课程包括内容、目标、形态、功能、结构等五个要素，或者说课程是从这五个维度构成一个多面体的运动形态。课程在内容上呈现为一种"教育性经验"，包括作为人类基本的文化成果的科学知识（间接经验）和学生在各种课内外学习中获得的亲身体验（直接经验）。在目标上，既重视预设的、期待的理想的水准，更关注真实、实际的教育影响。在组织形态上，既表现为静态的书面计划（包括课程计划、课程标准、教科书等），又表现为动态的生成过程（教师对课程的个性化理解，重新建立课程的微观结构）。在结构类型上，以学科课程为主，但须加强学科课程的综合，同时提高活动课程和选修课程的地位。更为重要的是，要让教师与学生参与课程建构，使制度层面的"计划课程"成为一种真实的、鲜活的、富有生命力的动态生成的课程。

二、语文课程与语文学科的关系

"学科"的构成必须满足两个条件：一是某一门（或几门）科学的基础知识体系，这是它的内容要素；二是适合于学校教学的组织结构，这是它的组织要素。也就是说，把某一门或几门科学的知识体系纳入学校教学的范围就形成了学科。学科指"一定单位的教学内容"。课程的范围显然大于学科。学科偏重于指某一门科学的基础知识体系，而科学的基础知识体系只是课程内容的一个重要方面而不是课程的全部。课程包含学科，此外还包括学校安排的各种课内外教育教学活动以及有意创造的各种教育因素。课程不仅包括各门学科的知识体系，还包括能力、态度、情感等教育目标体系。课程也不只是教学内容本身，还有对教学内容的安排以及实现进程等规定。

同样，"语文课程"与"语文学科"也是不能等同的，"语文课程"的内涵显然比"语文学科"的内涵丰富。"语文课程"不仅包括"语文学科课程"，还包括"语文活动""语文综合性学习"等课程类型。语文课程也不只局限于以语文教科书为对象的课堂教学内容，还可涉及其他可利用的语文教育资源。语文课程目标也不只是语文知识、语文技能等语文学科工具性的教学目标，还有语文习惯、语文态度、语文情感等人文教育性目标。语文课程不仅包括教学目标、教学内容，还包括通过理解教学内容实现教学目标的教学过程。

语文课程包括语文教学目标的设定、语文教学内容的选择、语文教学方式的组织三个层面。它既表现为一种静态的书面文件，如语文课程标准、语文教科书、语文教学指导书等物质性的文字资料，更表现为教师在教学时对课程内容的进一步理解与创造性的建构，还表现为学生在语文学习活动中所获得的独特的个性化语文体与经验。所以，语文课程既是一种静态的语文学习材料与教学目标体系，带有预先计划性；又是一个教师理解、学生体验，二者互动的意义不断生成的过程，具有鲜明的建构性、实践性和发展性。

三、语文课程的类型

从不同的角度观察语文课，可把它分为显性课程与隐性课程、学科课程和活动课程、分科课程与综合课程、必修课与选修课等。我们这里从纵横两个方面认识语文课程的丰富性。

从横向看，语文课程包括语文学科课程、语文活动课程、语文综合探究课程三种类型。

语文学科课程以间接语文经验（语文教科书为其载体）为课程内容，以课堂教学为主要实施形式，具有传授语文知识、发展语文能力、培养人文意识和人文精神的课程功能，是语文课程的主要形态。

语文活动课程以学生的语文实践活动为课程内容（如办刊、演出、辩论等），以学生获得直接的语文经验，提高学生的语文实践能力为课程目标，是语文课程的重要组成部分。值得注意的是，语文活动课程不应该只是语文学科课程的课外翻版（诸如语文知识竞赛、命题作文竞赛之类），也不只是语文课堂教学简单的课外延伸，它应该有其自身的独立价值。

语文综合探究课程是指学生在教师指导下从自然现象、社会现象和自我生活中选择和确定有关语文或与语文有关的研究专题，采用科学探究的形式，在研究过程中主动获取知识、运用知识、解决问题的学习活动。这种课程具有综合性的特点，有利于学生建立各种知识的横向联系，在知识的整合中提高解决问题的能力，同时，也具有培养学生科学精神、创新能力的课程功能。这是语文课程中的一种特殊形态。

语文学科课程体现着语文课程的个性，而语文活动课程与语文综合探究课程是基础教育课程的共性在语文课程中的体现。

语文课程的纵向形态包括国家计划的语文课程、教师理解的语文课程、课堂建构的语文课程、学生经验的语文课程。

国家计划的语文课程，即国家统一规定的以"语文课程标准""语文教科书"等书面计划和材料为载体的语文课程。它体现了国家对语文课程的统一要求，是语文课程的整体框架，是语文教学开展的基本指南。

教师理解的语文课程，指语文教师根据"国家课程标准"对语文课程的个性化理解和处理。它一方面要受到"国家计划语文课程"的制约，但更多的是考虑在预想的教学情境中学生语文学习的需要，并依据这些写出教学计划（学期计划、单元计划、课题），制订教学方案，最具体典型的就是"说课"的形态。

课堂建构的语文课程，是将教师理解的语文课程置于课堂教学的真实情境中，由教师向学生传递，学生向教师反馈，双向互动、不断修改补充，实现教师理解的语文课程向学生经验的语文课程转换，使教师的语文理解与学生的语文经验实现重合。这种动态生成的语文课程就叫课堂建构的语文课程。这种语文课程具有可观察性、可评价性，是一种现实的语文课程。它以教师理解的语文课程做基础，但已不完全是教师原来的理解，有删有增，往往随机而成。

学生经验的语文课程，即不同的学生个体在语文课堂教学和其他语文活动中获得的对语文的独特体验。它既表现为学生语文学习的过程，又表现为学生语文学习的结果。这种课程要求每一个学生都参与到课程实施中来，成为学习的主动者、课程的实践者，在参与实践的自主活动中，获得对知识的个体性建构和经验的改造与重组。这种课程形态具有个体化的特征。

语文课程既以横向的三个层面构成一个整体，又以纵向的四个层次显示它的动态生成。

第二节　大学语文课程的性质

一、对语文教育"两种追求"的反思

关于语文的教育目标，几十年来纷争不断，"思政中心论""语言工具论""语识中心论""语感中心论"此起彼伏。这些纷争实质上反映了语文教育的两种不同追求：一是主张工具论的科学主义，二是主张艺术论的人文主义。科学主义追求教学目标的单一化、教学程序的系列化、教学方法的模式化，以及教学评估的标准化。人文主义追求语文教学的社会化、人格化与个性化，认为课堂不仅是学生获得知识的场所，也是学生体验人生的地方。语文课应当是知、情、意的统一体，制定教学目标只能起到消极的束缚作用。

"两种追求"迥然不同地表现在：一方面，在大学语文教材的编写和课堂教学的实践中，普遍存在"泛人文"现象。教材删去了表达能力的练习，内容全部成了文学史的知识和文学欣赏的知识，"语文没有语文的体系"。教学抛开文本，架空语言，忽视能力，鄙视训练，张扬个性人格，强化感情体验，陷入人文的过度阐释。一味放纵学生的"个性表达""独特感受""情感体验"，已经成了无本之木的非语文行为。另一方面，"科学主义"依然盘踞在语文教育的角落，以为语文就是纯粹的工具，教材没有文化，只有这个法那个式，唯独就是没有"人"，没有情感，没有人文。他们习惯以科学主义的手段把优美的文学作品肢解得支离破碎，干着焚琴煮鹤的勾当。

我们今天可能很容易看出来，两种意见都只强调语文的一个方面而不是对语文的全面认识。许多学者逐渐认识到，语文是人们交流、学习、工作和生活中最重要的交际工具，而且这个工具是负载文化的，这是语文区别于其他工具的本质特点。从教育发展规律和社会发展要求来看，语文教学必须改变非此即彼的状况，实现科学与人文的有机整合。语文教学既不属于单纯的科学主义，也不属于单纯的人文主义，而是二者相关要素的和谐融合。我们必须树立并坚持一个完整的，既包括人文主义教育目标又包括科学主义教育目标的教育目的观。完整的教育同时包括"学会做事"与"学会做人"两大部分。"学会做事"必须接受科学教育，养成科学精神；"学会做人"必须接受人文教育，养成人文精神。

大学语文教育一要体现其工具层面，进一步强化学生的听说读写能力，特别要重视应用文写作能力的培养；二要体现其人文素养层面，学生通过对古今中外经典作品的阅读和鉴赏，深入领会作者的思想情感，从而受到情感的陶冶，培养健康美好的情怀，提高人生境界；三要体现其文化层面，大学语文承载着传播传统和现代优秀文化的任务，教学中教师应该给学生梳理出比较清晰的知识体系，开拓学生的视野，使学生发现中国文化中所具有的人生智慧以及对今天的社会建设依然值得汲取的思想资源。正像洪堡特指出的："我们决不应该把语言看作与精神特性相隔绝的外在之物……人们在语言中可以更明确、生动地感觉和猜测到，遥远的过去仍与现在的感情相维系，因为语言深深地渗透着历代先人的经验感受，保留着先人的气息。"

大学语文包含的内容门类繁多，诗词歌赋和文章，文史文论和文学作品，史实史论和人物，哲学、政治、经济、军事、天文、地理和品德修养、治学方法，当然更少不了语言文字和文化精神。虽然以人文科学内容为主，也不乏自然科学方面的内容；既以中国的为主，也有些国外的东西；既重古典精华，也不薄今日美文。大学语文的内容虽广泛但并非杂乱无章，有三条主线贯穿其中：第一条线是可以提高学习者的语文能力，以各种文本研读组织语文实践活动，在这个过程中发展学生阅读、写作和口语交际的能力；第二条线是能够丰富大学生的文化素养，通过对优秀文学作品的批评涵养大学生的文化精神；第三条线是培养锻炼大学生掌握语文的方法，使大学生能够熟练并且习惯于在言语中想象、探索和创造。用这三条线贯穿起来的内容广博的大学语文才是完整的和富有生命力的语文。这是由阅读教学、写作教学和口语交际教学组成的三位一体的课程结构。

二、大学语文课程的性质

人们对语文课程性质的提法比较重要的有：工具性、思想性、知识性、文学性、审美性、技能性、实践性、基础性、综合性、人文性、言语性、科学性、民族性等。人们谈及的各种性质并不是同一个平面上的。通过长时间的讨论，现在大家获得比较一致的认识是：语文是最重要的交际工具，是人类文化的重要组成部分。语文课程性质的核心应该是工具性与人文性的统一。

现代社会要求公民具备良好的人文素养，具备创新精神、合作意识和开放的视野，具备包括阅读理解与表达交流在内的多方面的基本能力。它应该建立在传授语文知识基础之上，通过对学生语文能力的培养，潜移默化地对学生渗透人文精神的培育。如果人为地割裂语文工具性和人文性的统一，那么，语文教材的编写和教学方法的采用都会滑向偏执、狭隘的泥潭，进而戕害语文的生命，最终导致学生的思维能力和言语表达能力滞后于自身生命的成长，限制了其未来文化使命的践行和社会角色的担当。由于语文课程的综合性特征，决定了它的性质不是单一的而是多重的。为了深入理解大学语文课程的性质，我们有必要讨论语文课程中的三个关键词：人文、工具、文化。

"人文"一词最早见于《易经》："文明以止，人文也。观乎天文，以察时变；观乎人文，以化成天下。"早在春秋时代，中华民族就形成了文史哲浑然一体的学术传统，人文学科相对发达，以农业文明为基础的文化伦理特质明显，带有鲜明的民族特色，处于古代文化的核心地位。人文学科的英文词 humanities 源出于拉丁文 humanists，意即人性、教养，原指与人类利益有关的学问，如对拉丁文、希腊文、古典文学的研究，后泛指对社会现象和文化艺术的研究。

"人文"不仅包括具体的文学、历史、哲学和艺术等各种知识门类，还外化为一种精神气质，核心是对人的尊重和关怀，对人的生存状况和人类的命运具有终极价值的思考和探索，是对真、善、美等理想价值的追求。人文教育则是通过人格教育、道德教育以促进人的身心发展为宗旨的教育。其目的是满足个人与社会需要的终极关怀，是求善，解决"应该做什么样的人"的问题。因此，人文教育不仅是一个知识体系，还是一个价值体系、伦理体系，同人的精神世界相关。科学需要人文导向，求真需要求善导向，人文教育能给我们辨别是非的眼睛和评价真伪善恶的标准。

语文课程的"人文性"在很大程度上是就其文学、文化教育的课程内容而言的。它着眼于语文课程对学生思想熏陶感染的文化功能和课程所具有的人文学科特点。文学教育、文化熏陶不仅是历来语文教育的课程事实，也应是语文教育的价值取向，是语文课程作为人文学科课程的本体功能。

语文课程在所有人文课程中具有较强的人文教育优势。人文教育任务在语文课程教学中体现为：传播汉语言文字所承载的民族文化，以及在教学中发挥民族文化的作用，养育学生的人文情感、健全的人格和完善的个性。包括：追求语文教学的社会化、人格化与个性化，强调语文课堂不仅是学生获得知识和技能的场所，也是学生体验人生的地方，语文课程应实现知、情、意的统一。与其他课程相比，语文课程教学的内容决定其应承担较多的人文教育任务。如选入语文教科书的是一篇篇文质兼美的文章，学生不仅要掌握其语言表达的艺术，还要领悟其中蕴含的人文美。语文能力不只是语言能力，要达到交流沟通的目的，单凭语言形式是不能解决问题的，语言形式负载的思想内容往往起着重要作用。

总之，语文课程的人文性是通过文学教育、文化熏陶来关注学生的生命价值、文化素养和精神成长过程。人文性是语文课程最重要的属性。

语文课程的工具性是就其语言学科内容的特性而言的，着眼的是语文课程培养学生语文运用能力的实用功能和课程的实践性特点。语文课程的工具性是指语文本身是表情达意、思维交际的工具；同时，语文可以传承文化，传达社会价值观，从而维系社会的正常运作。语文课程的工具性还表现为语文是学习其他课程的工具。张志公说："语文是个工具，进行思维和交流思想的工具，因而是学习文化知识和科学技术的工具，是进行各项工作的工具。"在这个意义上，语文学科是一种基础工具学科。

但是，一个具有完美"工具性"的事物，必须将"人文性"与"科学性"共同纳于体内并形之于外，才能充分展现其"工具性"，才在事物链条或系统里具有存在的价值。语文的工具性和思想性是不能分割的。如果从表达的角度来看，这个问题的答案就更明确了。你用主谓宾表达什么？你能说一句没有意思的话吗？能写一篇没有思想感情的文章吗？如果能，那就是在制造废话。我们一个正常的人，在正常的社会里从事正常的工作过正常的生活，我们所进行的任何言语活动总是跟我们的认识、我们的思想和感情交织在一起且不可分离的，它们实质上就是一回事，都是我们人的生命活动。张志公虽然主张语文是个工具，但同时又说："语言现象涉及三种事物：人、语言、思想……所以在进行语文教育时就离不开语言材料所包含的思想内容。语文这个工具跟其他工具有相同的一面，这就决定了语文教学必须教学生切切实实地在训练中学会操纵和使用语文工具，也就是着眼于掌握字、词、句和篇章的运用能力，不容许离开这种训练去空讲大道理，空讲理论知识；它跟其他工具又有相异的一面，这又决定了语文教学必须把训练学生运用字、词、句、篇章的能力和训练学生理解语言所表达的思想的能力结合起来，不容许把二者割裂开来，对立起来。

这样看来，语文教学强调基本功，强调多读多练，强调'文道统一'，这正是由语文这个工具的性质决定的。"

语文教育在本质上是一种"立人"的教育。蔡元培说："教育者，养成人格之事业也。使仅仅为灌注知识，练习技能之作用，而又不贯之理想，则是机械之教育，非所以施于人类也。"在语文教育实践中，如果从"立人"的高度来看待语文课程的"工具性"，就能避免和克服工具理性和科学主义给语文教育带来的种种弊端，并赋予"工具性"以"人文"的内涵。"人文"不是某种抽象的东西，它既关注人的"终极"价值，也关怀人的现实生活意义和生存境遇。而语文课程的工具性主要是就语文教学对受教育者适应生活的意义而言的，是指语言学习是个体适应现实生活、促进其他学科的学习、从事各种工作的工具。作为学生适应生活的工具，语文教学必须培养学生正确理解和运用祖国语言文字的能力，加强语文教学的实践性、应用性、生活化。"生活化"就使语文教育的"工具"价值与"立人"教育结合起来了。我们要"立"的人首先是要具有现实生活能力的人。在语文教学生活化实践中，要引导学生在广泛的社会实践中学习语文、应用语文，通过反复的科学的练习，使学生的耳、口、眼、手、脑都得到全面训练，使他们的语言能力和思维能力都得到协调发展。也就是说，语文作为工具不仅具有适应现实生活的功用，还具有促进个体精神发展的功用，因为语文教育生活化不仅仅着眼于个体对生活的适应，更致力于个体创造新生活能力的发展。如生活情景模拟语文训练和语文研究性学习等活动，不仅提高了学生适应生活的能力，还培养了学生的创新意识、合作意识等精神层面的东西。

如果我们从更广阔的背景来探讨语文课程工具性与人文性的统一，我们就会看到语文课程工具性与人文性的统一符合现代社会"科学"与"人文"融合统一的现实要求和历史趋势。显然，工具性的基础是工具理性和科学精神；人文性的基础是价值理性和人文精神。工具理性与科学精神给人类社会带来了巨大进步，同时也产生了许多不容忽视的负面影响。这些负面影响促使人们从人文的角度进行反思，用人文的视点来纠正科学的偏差，用人文精神与价值理性来抑制科学主义和工具理性的极度膨胀。科学与人文从对立走向融合已成为时代精神的趋向。用这种时代精神来审视语文课程，我们就会发现，如果只重视语文的工具性，语文教学将陷入科学主义的泥坑；如果只重视语文课程的人文性，语文教育将沦为人文主义的乌托邦。只有语文课程的工具性与人文性高度整合，才是语文教学的正确道路。

说语文是文化的重要组成部分，不如说语文本身就是文化。"文化"就是"人化"。文化的中心是人，是人的本质力量的显现和对象化，是人性在自由自觉的境界上对自身力量的体认和确证，是人类走向文明时带血的呐喊和身后留下的深深的足迹。

文化的本质是立人。文化是立人之本。文化的精神价值所在，永远是背后那个超越物欲、空灵高尚的精神境界。以优秀的文化育我仁爱之心，养我浩然之气，铸我铮铮傲骨，使我们的内心充实、有力，做一个谔谔有为之士。这是人文精神的终极价值。从人性的结构上来看，就是净化、提升人的自然属性，抑制、消解人的反主体性，而尽最大可能唤醒、振奋、鼓舞人的主体性，并使之发扬光大，从而使我们的内心充实、和谐，使我们的生命坚定、有力，富有创造性。

文化可以使我们发现自己，文化就是人的精神性的显示，同时也是人达到更高水平人类本性的道路。人按其本性来说，本质上是能够无限扩张到他自己作用范围的地方。所谓天才，也无非是能够最早充分认识自己的价值，从而以最直接的方式完成了生命由瞬间到永恒的有效转化。文化使人性在自由自觉的境界上体认到自身，实现由自然人向文化人的转变和超越。人生就在这个过程中发热、闪光。反之，没有文化滋润的生命将是枯萎的，没有文化照耀的生命将是暗淡无光的，其价值将大打折扣。

语文教育就是要解决人跟世界的关系问题，最终目的是建立起主体跟世界的广泛而深刻的联系。语文是人获得意识自由的必要条件，还是社会成立和发展的基础。在三者之中，语文是纽带、是桥梁。语文在使人获得成长的同时又把他们联系起来，组成一个有秩序、有活力的人类社会。

第三节 大学语文课程的设计

课程设计是对课程的各个方面做出规划和安排。课程设计有三个层次：宏观层次是对课程体系的整体编制，解决课程的一些基本理念问题，包括课程的价值、根本目的、主要任务、内容选择、基本结构等，我国教育部颁发的教学计划或课程计划就属于这样的设计；中观层次是对具体课程的编制，就是将宏观的课程设计具体化为各门课程的教学大纲或课程标准，并以教材为物质载体表现出来；微观层次是教师对于课程的再设计，即学科教学设计。大学语文课程设计主要研究中观层次的课程设计问题，也就是大学语文课程标准的编制问题。

一、大学语文课程观念的现代化

大学语文课程建设要走向开阔和开放，不仅应将课程看作是计划化、组织化了的具体科目，而且应将它理解为学生校内外生活经验的总和。这种经验既来自学科的课堂教学，也来自学校的制度、组织以及师生关系和校外活动等方面。它不仅是组织好的一门学科，而且应当有更广泛的外延。课程的知识也不仅仅是本学科的学术性知识，还应当包括那些与社会生活密切联系并与大学专业发展密切相关的其他学科的学术性知识。

特别应当指出的是，大学语文课程应贯彻积极语用学的基本精神。语用学主要研究言语行为，是对语言学的新发展，构成言语教学论的理论基础。语用学是结合一定的语境而对言语行为的意图、意义和交际价值所做的动态研究，语境、背景、话题、交际方、话语是其基本要素。语用有消极语用和积极语用之别。如果一个人的语用行为只是停留在复述、再现、描摹层面，就是一种"消极语用"。尽管某个人在说话，其实是别人的思想借其嘴巴而"复述"出来的，说话人被异化成对"他者"思想的复述。这实际上是人和语言的分离。所谓积极语用，是表达主体基于独立人格和自由思维而以个性言说、独立评论和审美表达等为形式特征，因而富于创造活力的主动完整的表现性言语行为。我们要通过母语教育使学生习得由心灵所主宰的语用能力。

一般言语行为的表达效果是由三个要素的乘积所形成，就是：言语动机、言语情感、言语能力。言语行为的表达力是由这三个要素的乘积构成而不是它们的机械累加或堆积。语用主体的动机、情感和语用能力三要素之乘积决定了语用行为的效果。如果听说读写观缺少对学生思想能力的必要重视，将语用行为仅仅视为一种外部感官的言语行为，就只能陷入一种技术主义教育的泥淖。这是忽视生命主体思维和情意元素的技术主义的狭隘思路。言语行为从来不是人的感官的简单技术行为，而是一种智慧生命的心灵闪光，是宇宙之精华、万物之灵长的思想和情感能量的释放。古往今来，唯有语言的表达力才是实现主体与外部世界的联系、达成人自身价值的最主要能力。语文课程只有让学生"享受"母语才可能"人""言"合一、目标到位。因为这里隐含着哲学上的一个重要命题：语用即"我"，"我"即语用。所谓人的价值，必然是在语用（尤其是表达）中体现出来的，没有了语用就是失去了"人"的思想现实，就是失去了人自身啊！

二、明确大学语文课程的任务

第一，全面提高学生的语文素养。语文课程必须充分发挥自身的优势，弘扬和培育民族精神，使学生通过优秀文化的浸染，塑造热爱祖国和中华文明、献身人类进步事业的精神品格，形成健康美好的情感和奋发向上的人生态度。应增进课程内容与社会发展、科技进步和学生成长的联系，引导学生积极参与实践活动，学习认识自然、认识社会、认识自我、规划人生，乐于表达，善于沟通，促进大学生的全面发展。

第二，正确把握语文教育的特点。语文教育的特点一是人文性，二是实践性，三是民族性。语文课程具有丰富的情感内涵，对学生的情感、态度、价值观的影响必然是广泛而深刻的，所以，不能不重视语文课程的熏陶感染、潜移默化作用，不能不注意教学内容的价值取向。将语文课程与自然科学类的课程进行比较，可以看到，语文课程中具有大量具体形象的、带有个人情感和主观色彩的内容。人们对于语文材料应该有理解一致的地方，否则人际交流就无法进行。但是在很多情况下，由于个人的知识背景、社会经验、体悟角度等方面的差异，面对同样的作品，特别是文学作品，人们会有不同的理解和感受。这是完全正常的。因此，语文教育要特别提倡师生之间的平等对话，注意尊重学生独特的情感体验和有独创性的理解。

语文教育的过程是学生听说读写不断实践的过程，是学生在语文实践中受到熏陶感染的过程。同时，因为是母语课程，所以实践的对象不应限于书本，而应该让学生接受丰富的语文学习资源，重视各种语文学习实践机会，注重应用，加强与社会发展、科技进步的联系，加强与其他课程的沟通，以适应现实生活和学生自我发展的需要。通过语文的实际运用，帮助学生养成认真负责、实事求是的科学态度。

语文教育是母语教育，自然具有民族性的特点。在教学中要重视培养良好的语感和整体把握的能力。这个要求符合我们的母语特点和学习规律。

第三，重视审美与探究能力的培养，促进学生均衡而有个性地发展。审美教育有助于促进人的知情意全面发展。文学艺术的欣赏和创作是重要的审美活动，科学技术的创造发明以及社会生活的许多方面也都贯穿着审美追求。未来的社会更崇尚对美的发现、追求和创造。语文具有重要的审美教育功能，语文课程应关注学生情感的丰富和发展，让学生受到美的熏陶，养成自觉的审美意识和高尚的审美情趣，培养审美感知和审美创造的能力。

未来社会要求人们思想敏锐，富有探索精神和创新能力，对自然、社会和人生具有更深刻的思考和认识。大学生思维渐趋成熟，已具有相当的阅读表达能力和知识积累，发展他们的探究能力应成为语文课程的重要任务。应在继续提高学生观察、感受、分析、判断能力的同时，重点关注学生思考问题的深度和广度。

第四，积极倡导自主、合作、探究式的学习方式。改变学习方式实际上是改变一种习惯，要由过去的接受式学习变为自主、合作、探究式学习，要把学生看作学习的主体、发展的主体。

自主学习，是指学习主体有明确的学习目标，对学习内容和学习过程具有自觉的意识和反应的学习方式。合作学习，是指学生在学习群体中"为了完成共同的任务，有明确的责任分工的互助性学习"。现在的社会越来越需要强调合作意识和团队精神，应该让学生在学习中学会合作。探究学习是指学生独立地发现问题、获得自主发展的学习方式。在探究学习中，学生自己发现问题，探索解决问题的方法，通过各种学习途径"获得知识和能力、情感和态度的发展，特别是探索精神和创新能力的发展"。探究学习的主要特征是"问题性、实践性、参与性和开发性"。

第五，努力建设开放而有活力的语文课程。语文课程应植根于现实，面向世界，面向未来。要拓宽语文学习和运用的领域，沟通与生活的联系，注重跨学科的，特别是与大学专业相结合的学习，运用现代科技手段开阔视野、提高学习效率，获得现代社会所需要的语文实践能力。语文课程要由"专制"走向民主，由封闭走向开放，由专家走向教师，由学科走向学生。课程不只是文本课程，更是实践体验课程。它不再只是特定知识的载体，更是师生共同探求新知的过程与平台。实行课程改革，要增强课程的资源意识。语文课程的开放和有活力，还要体现出个性要求。

三、确立大学语文课程的目标

西方的学者倾向于将教学目标看成教学的预期结果或效果，或指教学在学生身上引起的行为方式的变化。布卢姆认为："目标就是预期的结果。"泰勒认为："形形色色行为方式的变化，就是教学目标。"我国学者大都把教学目标和教育目的联系起来，认为它是教育目的的学科化和具体化，是教学活动所达到的预期结果，它着眼于教师的教学活动所引起的学生学习行为的变化。总之，教学目标存在于教学活动之前，是课程设计对教学结果的主观预测，而且是学生要达到和实现的结果。大学语文教学目标是大学语文课程对大学语文教育活动结果的一种期望或设计。它确定于教育活动之前，带有一定的主观性，但是，它绝不是教育者的凭空想象臆断，而是在教育规律的基础上，依据学习者的发展、社会生活的需求和学科功能等制定的。大学语文的教育目的也必须服从于国家人才培养的总体目标。

任何教育都是一种有目的的实践活动，既有物质的功利的目的，也有精神的修养的目的。一般来说，任何课程都难以彻底摆脱它的直接目的，即满足学生自身生存和发展的需要。因此，学生自身生存和发展的需要是教学目标的基本来源之一。

在以科技经济和自由竞争为特征的当代社会，人们的交往日益频繁，关系日渐复杂，竞争也日趋激烈，大学生不仅要拥有丰富健全的知识结构和专业技能，还要成为一个身心全面发展的"完整的人"。大学生希望通过大学语文课程的学习提高自己的综合素质，尤其是在语言能力、应用写作能力和文学修养方面的提高。同时，明显技术化的社会和日趋激烈的生存竞争也要求大学生具有健全的人格和强大的心灵力量。新技术革命不仅带来了人类生活方式的现代化，还引发了人的观念和思维方式的更新。人们思维方式的改变、视野的拓宽使人类更加重视创造性思维，富于创新精神。当今时代，人类文明正经历着巨大的转变。美国社会学家约翰·奈斯比特在《大趋势——改变我们生活的十个新方向》中提请人们注意的跟语文直接相关的是：信息社会是真实的经济存在而非抽象的思想；在这个文字密集的社会里，我们比以往更需要具备基本的读写技巧，但是我们的教育制度却在制造日益低劣的产品；新信息时代的技术并非绝对的，它的成败取决于高技术与高情感平衡的后果。大学语文教学目标的确定要适应时代的发展，满足当代大学生的需求。

未来理想人才的人格和能力应具有以下要素：

（1）独立、理性地选择价值目标的能力（形成生命、信仰、尊严、文明、创造、社会接受等有关的积极价值观并建立合理价值关系）；

（2）广泛的社会经验和完整的生活概念（高度社会适应性的基础）；

（3）高度敏感性（对变化的敏感和对可能性的敏感）；

（4）自我定向能力（独立性、自我引导与自我负责）；

（5）主动适应能力（迎接挑战与逃避挑战）；

（6）对不明确情境的耐受性（冒险性和自我拓展倾向）；

（7）抗拒压力与耐受挫折的能力（压力激发针对目标的反作用力而不是我向或他向破坏力）；

（8）社会角色意识与沟通能力（社会定位概念、自我形象概念、责任意识与交往能力）；

（9）高度创造力（创造独特和新颖事物的能力）；

（10）持续发展倾向（自我超越和自我提高的要求）；

（11）人际关系调整能力（情感目标定向的人际关系）；

（12）高文化（道德）修养（文化修养正成为人们生存能力和适应能力的一部分）；

（13）善于竞争与合作（工作目标定向的人际关系）；

（14）专业知识和技能。

从内容上看，这个"人才模型"既是各科教学的目标，更是语文教学的目标，语文更多地承担着培养学生健全的人格和良好的心理素质的任务。从未来对人才的要求出发来反思语文教育的历史和现状，会有许多沉痛的思考，更加明确语文教育的目标，也会依稀看见语文教育的出路。

在培养大学生的感悟和思辨能力，开拓他们的精神视野，激发他们心灵的力量方面，大学语文具有得天独厚的优异功能，这是其他学科所不能比拟的。具体说来有以下五个方面。

一是对人类情感与心理世界的体察与领悟力。一切阅读和表达的起点都是对事物的认知，而语文所关注的认知对象首先是人，尤其是比天空还广阔的人的情感与心灵世界。因此，体察和理解人类复杂微妙而又变化万千的感情世界就成为语文阅读的基本功。

二是对生命现象的感知与想象力。语文能力的形成离不开文学修养，而文学作为一种艺术活动，以形象思维作为认识世界与表现自我的主要方式，因此，学会对各种原生态的生命现象进行直接的观察、感知以及由此激发的联想和想象，成为我们理解人和自然并用语言加以描绘的基础。

三是对文本所传达的精神价值与思想哲理的洞察力与批判力。无论文学或科学的文本，除了描绘形象之外，还必然会传达作者对社会、人生和自然的思考。这些思索的成果和思想的结晶不仅可以引导人生、启迪智慧，还可以帮助我们形成对各种社会与自然现象的批判性反思，并掌握对知识和思想的不同表达方式。

四是对文本语言形式的感受力、组合力、表现力。中国人学习语文的主要内容是以汉语作为表达媒介的文本。因此，学生对汉语的语言魅力、表达特点、形式规范及其变化的可能性，以及各种修辞手段、语体风格都应有敏锐的意识和娴熟的运用。

五是对所论对象进行逻辑梳理的判断力、分析力与思辨力。无论阅读还是写作，都不仅需要理解和把握某一特定对象或观点，还需要深入认识不同对象之间的关系，正确把握各种思想观点之间的联系、区别与层次关系，以便找到阐发思想、组织文本的合理线索与思路。因此，有逻辑地整理世界和表述思想的能力是不可缺少的。

综上所述，大学语文应该确立知识和能力、过程和方法、感情态度和价值观的三维目标。这种三维目标构成丰富、均衡、稳定的语文教育目标体系。它一方面重视在人格精神上教育学生成人，一方面又不忽视技术的力量，重视在知识、能力和方法上培养学生成才。对于大学生来说，无论是成人还是成才，都要在言语实践中，感受和体验，探究和表达，唤醒自己心灵深处沉潜的生命力量，让灵魂睁开眼睛看世界，让自己的价值理想浸透每一天的生活。

四、大学语文课程内容的基本要求

第一，课程内容应突出基础性。大学语文中的主要内容来源于我国传统文化，其中大部分属于文学的范畴。传统是已经发生了的事实，但是，传统又是可再生的精神资源。如何站在当代的立场上实现传统和未来的对接，是大学语文课程的一项重要课题。

大学语文课程既要为大学生提供相对稳定的文化知识和自成体系的文化价值，又要使这些内容能够应对迅速变化的现实，并对未来也具有相应的敏感性和适应性，确保他们在人的精神和生活的能力等方面适应社会的需要并有所发展。为此，应在课程改革中撤删传统的陈旧、烦琐的部分，把那些具有最广泛的概括性和应用潜力的文化知识融纳到课程中来，以使学生学会在各种问题中抽取具有永久意义的主题和线索，了解事物发展的规律，具有在新的情境中组织原有知识和新信息以处理新问题的能力。

第二，课程内容应体现时代性。时代性不是一个时间概念而是具有价值方面的规定性。只有那些在这个时代适用并且能够孕育未来的才具有时代性，包括古代的和现代的。《诗经》中对爱情的歌唱，儒家的积极入世的进取精神，范仲淹的先天下之忧而忧的崇高情怀，在任何时代都是能够引领时代进步的。相反，一些发生在当下的时髦的东西倒不一定能体现这个时代本质的东西，它不但对未来就是在今天也是没有什么价值的。课程内容要反映现代文化的先进水平，对那些不符合现代和未来社会发展需要的虚脱、陈旧的课程内容加以淘汰，相应地增加、渗透现代科学技术和人文学科的新成果；另外，对于语文课程中的文化典籍，可以在可能的范围内适当地用时代精神加以诠释，以焕发其生命力。

第三，课程内容应具有民族性。文化的现代化表现为民族文化的开放和世界化，但现代化绝不等于西方化，民族文化对世界文化的现代开放绝不是消解本民族文化的独立个性，更不能以某一民族、某一民族区域的文化来统合、同化本民族或民族区域的文化，而是在开放民族文化、沟通共享世界各民族文化的同时，实现本民族传统文化历史性的动态发展。课程作为一定历史条件下的文化载体，一定要具有民族特色。

第四，课程内容应具有结构性。课程内容的结构化要求以最有益于解释学科内容事实的基本框架和范式为依据，以基本概念、基本原理、探究方法为中心来编排课程内容，使学生形成对该学科的"最基本的理解"，获得语文素养的触类旁通的效果。具体地说，大学语文课程的结构应设置三条线索，处理好四种关系。

三条线索：第一条线索是陶冶人文精神的线索。课程内容要反映出我国传统文化的精髓，概括出人世间的基本价值标准，从而揭示人生的意义，赋予生命以自强不息的强大动力。第二条线索是发展语文能力的线索。语文能力包括听说读写四种基本技能，课程内容要能够显示出大学生语文能力所要达到的标准和实现的途径。能力标准包括内容和水准两个方面，比如写的能力，应当书写哪些方面的内容和达到什么程度。第三条线索是掌握语文方法的线索。所谓语文的方法是指习惯于用言语的阅读方式来获取自己所需要的信息，或者迅速有效地输出自己的认识，能够自己解决在工作和生活中遇到的各种问题，以利于实现自己的人生价值。

四种关系：第一种关系是课程内容各组成因素之间的时空关系。我国历代的作品、外国的作品，不能简单地以作品的年月日的顺序或者先中国再外国的方式排列，要考虑它们之间怎么排列才能形成一个具有思想张力的场域。第二种关系是大学生的精神成长规律和课程内容之间的关系。大学四年是学生精神迅速成长、人格趋于成熟的关键时期，这四年从物理上来说很短，但学生的心理时间却很长。学生每一年的心理都有不小的变化，他们每一年面临的各种问题有很大差别。因此，大学语文课程安排的内容要符合学生的心理现实，能够促进他们的精神富有生机地成长。第三种关系是课程内容所选各种作品种类的比例关系。文学的、文章的、文化的和应用的，应各种占多少才是合适的，才最能发挥语文的功能，最有利于学生语文素养的养成。第四种关系是课程内容各个主题之间以及与其他因素的关系。各个主题在构成语文课程中都是不可缺少的同等重要吗？它们之间是并列的、包含的还是递进的？它们跟学生的生命、跟社会构成何种关系？

语文课程的三种线索和四种关系并不是孤立、平行的，它们之间存在着或递进或因果的逻辑关系。它们在各种阅读和表达的语文活动中交叉，在学生的生命深处融合，在语文素养系统中结为一体。

五、大学语文的综合课程

现代社会人类所面临的环境问题、人口问题、能源问题、战争问题，没有一个是能够凭借一门或两门科学给予解决的，甚至在分科条件下这些问题很难进入到课程中去。现代社会的信息化和复杂性，对人的素质提出了更高的要求。

国际 21 世纪教育委员会在 1996 年向联合国教科文组织提交的《学习——内在的财富》中提出，学生要学会求知、学会做事、学会共处、学会做人。实现这个目标需要广阔的知识背景以及理解它们内在联系的能力。因此，赫尔巴特提出"教材联络"的概念，即在课程中安排各学科时，要使一门学科的教学经常地联系其他学科的教学内容。他认为，在校外生活中，这些学科内容几乎看不到它们是各自割裂的。那么，为什么在学校里就不能把它们联络起来呢？鲍尔斯、格里芬和奥立佛提出了"文化联系"的概念。"他们认为联系超越个人自我，扩展到生态系统——实际上是我们生活的宇宙。在过去的几十年里直至现在，我们才开始发展宇宙的和联系的意识。这一意识带来的挑战是两方面的：一方面，提倡感知的局部性；另一方面，认识到我们自身的观点要统一于更广阔的文化、生态、宇宙模体之中。我们的进步和我们的存在——作为个体、作为社区、作为民族、作为种族、作为生命形式——依赖于我们将这两种观点纳入互补和谐之中的能力。"所以，在分科基础上，综合课程的实施已是大势所趋。而语文学科作为一门综合性和实践性极强的课程，从古至今都离不开综合。

课程目标决定了课程必须具有现实性、综合性和生成性。现实性是指课程必须来源于现实并且有用于现实，现实既包括人类社会的现实，也包括学生个体的现实。课程是从各种现实的经验中选择那种在后来的经验中能够丰满而有创造性生活的经验。课程应当把教和学看作是经验改造的不断继续的过程，而不应成为知识的堆砌。课程的现实性必然要求课程的综合性。社会的问题日趋综合和复杂，学生单一的专业训练往往不能适应实际工作的需要。课程的联系应该超越自我，实行跨学科综合，进而扩展到生态系统——实际上是我们生活的宇宙。如此，学生才可视野开阔，多方面地认识事物、思考问题，养成注重实际的精神和深邃缜密的思维品质。生成性是指课程是通过学生自主性活动展开和完成的，课程的学习应该是一个发现的过程，一个逐渐习惯于奇思妙想的过程，一个寻求解决问题的过程，一个设计新体验的过程。

文史哲天然一家，大学语文更应是实行跨学科的综合课程。文学离开历史很容易迷失价值的坐标，离开哲学也很难达到文学形而上的高度。同样，历史和哲学如果离开了文学，也很容易因为失去感性的材料而枯燥和失血。另外，教育学、社会学、法学、经济学等也应有选择地编配组合。如此，学生才可视野开阔，多方面地认识事物、思考问题，养成注重实际、深邃缜密的思维品质。语文综合课程应具有开放性、实践性和文化性。

语文综合课程的目标是培养学生发现课题的能力以及将个别事物联系起来，或对各种事项进行整体把握的综合能力。语文综合课程的学习是全面提高学生语文素养的学习，是向学生提出智慧需要和产生智慧的学习。语文综合课程以课题或主题为中心跨学科组织学习内容，这些内容是广泛的和开放的，它以学生的兴趣和现实的需要为特征。主要包括：自然、社会和人类面临的文化、人口、能源、环境、战争、信息技术以及其他的重要问题。主题中涉及的学科只是作为一个要素或局部，这些要素或局部"按照语文的样式或结构"来参与组成一门新课程，它们共同指向人文精神的终极归宿。语文综合课程的主题根据学生成长的规律和人类社会进步的需要以及语文学科的内在结构来组织成一个有机的体系。体系的内容结构是有序的、动态的和生长的。语文综合课程以学生亲身实践的方式实施，在语文运用中学习语文、发展语文能力、提高语文素养。至于综合学习的具体操作方式，"特别要注意杜绝仅仅靠回忆和积累事实（受'大脑白板说'的欣赏）的方式，而要使评价与学生在一个新的具有挑战性的语境中运用和组合多种能力，以及同他人交流结果的方法相结合。这样，学生可以单独或以小组的形式解决复杂、多步的问题，收集、分析、整合、解释资料并将结果报告给真正的听众。"

语文综合课程的方式不拘一格，具体的内容更是丰富多彩，但可以概括为三种主要的学习模式，即学科延伸式、社会活动式和主题课程式。

六、大学语文校本课程的编制

各地、各校、各专业都存在着丰富的语文课程资源，但这些资源往往是潜在的，分散又零乱，相当多地处于隐性状态。所以，编制语文校本课程关键的一步是广泛、深入、细致地收集课程资源。

所收集到的各种材料，即使是具体生动的，也还不是课程，还要根据课程编制的原则，归类组合，重新赋予它生命。设计语文校本课程应该坚持以下原则。

第一，以学生的精神成长需要为中心。课程是建立在学生成长的需要之上的。各种资源都要以学生精神成长的需要为脉络来组织。学生精神的成长有其内在规律，总是从近到远，从具体到抽象，从关注自身的需要到自觉地承担起社会责任。学生精神的成长既有连续性又具有明显的阶段性，每个阶段的精神需要是大不相同的。只有课程内容的层级与学生成长阶段的精神需要相吻合，课程才能起到引导、促进的作用。这样的语文课程才是有价值的。

第二，以发展学生的言语能力为目标。言语能力目标是语文学科得以确立的主要依据，语文教育的功能是通过发展学生的言语能力来实现的，学生也是以自己的言语能力来跟社会建立联系的。如果忽视了言语能力的目标，那么语文学科就失去了存在的理由，而学生与社会也会处于孤立疏远的状态。语文校本课程因为所运用的材料具有亲近、具体、多样等特点，更容易激发学生言语的兴趣。因此，在语文校本课程的编制中，要以言语的实际运用为发端，以言语成果的生成为指归，把言语活动贯穿语文校本课程设计和实施的全过程，使学生的言语能力得到有效的发展。

第三，要突出语文校本课程的活动特点。语文校本课程的最大特点是实践活动性。它是开放的而不是封闭的，是实践的而不是旁观的，是探究的而不是接受的。

开放有两层含义：一是指课程的内容方面，向历史和现实开放，向各学科开放，向社会生活的各方面开放，凡是具有语文教育功能的材料，都可以纳入语文校本课程；二是指参与课程编制的人员，校本课程面向各界人士开放，凡是拥有语文课程资源的人员都可以进入课程的编制和实施。其中最主要的当然还是语文教师和学生，他们是课程教学的主体。

实践和探究可以从教师和学生两个方面来理解。在校本课程中，教师教什么和学生学什么，以什么方式教和学都是不大确定的，这就需要去探索、去发现。往往是从现实的需要和所占有的资源来确立课题、组织内容、编制程序，师生共同努力实施课程的目标。如果没有实践的观念、缺少探究的精神，那么编制语文校本课程是根本不可能的。

以上三个特征归结起来，就显示出语文校本课程的动态性、过程性和生成性。

第五章　大学语文教学过程

第一节　大学语文教学价值的体现

一、过程哲学对语文教育的启示

一切事物都是在过程中诞生的，一切价值、意义也都存在于过程之中。离开过程，世界会变得虚无缥缈。作为生命现象的言语活动也必须在生命的过程中展开，语文教学的价值自然也是在教学的过程中生成的。轻视或忽略语文教育的过程是对学习主体理想精神的压抑和放逐。离开了过程性实践的语文教育无异于缘木求鱼。所以，研究语文教学最深入有效的途径是对语文教学过程的研究。我们借助怀特海的过程哲学，对语文教育的过程做出哲学意义上的分析。

在本体论上，过程哲学坚持过程就是实在，实在就是过程，过程之外没有实际存在物。怀特海说："一个现实实有如何生成决定了现实是什么……其存在是由其生成决定的，这就是过程原则。"实际存在物是一个过程，这里存在着从状态到状态的生长，存在着整合与再整合的过程。这样一来，整个宇宙，包括自然、社会和人的生命，都是由各种实际存在物的发展过程所构成的一条历史轨迹。因此，只有过程哲学才能提供一个澄清的宇宙，在这种宇宙中，过程和动态的现实性、相互依存性是直接经验的基本材料。离开了对各种实际存在物生成过程的考察，我们的眼前便只有茫然和混沌。

在主客体的关系方面，过程哲学否认主客体的二元对立，主张主客体的对话与交融。现实世界中的所有实际存在物，相对于某种作为"主体"的既定实际存在物而言，必然要被那个主体"感受到"。任何东西只要在主体身上能够唤起某种特定的活动，就构成了认识的客体。客体是在认识的过程中生成的，是与主体现实地发生关系的客观对象。就是说，在认知过程实际发生之前，根本无所谓主体和客体之分，主体和客体是在实际存在物的相互作用过程中逐步生成的，主体与客体的关系以及主体对客体的认识也是一个逐步生成的过程。主客体是在过程中生成并"相遇"的。怀特海说："实际存在物的本性惟一地在于，它是某种正在被摄入的事物。"

在对个体特征的认识上，过程哲学认为有机体的根本特征是活动，活动表现为过程，过程则是构成有机体各元素的持续创造过程。它表明有机体的存在是一个生生不息的活动过程。过程之外无存在，世界就是无数个体的实际存在物的产生过程。每个个体都是由性质和关系所构成的有机体，是一种面向新颖性的创造性进展。怀特海认为："每一种实际存在物都有其自身绝对的自我造就能力。"但是，这种自我造就能力是在主客体对话与交融的过程中得到确证的，除此之外没有别的途径。

教学的价值产生于过程。用怀特海的过程哲学可以更深刻地认识对话教学的价值。过程是事物存在的方式，是事物生成、转变和发展并走向目的的必经环节和途径。所以，"存在"在任何意义上都不能从"过程"中抽象出来。由此看来，教学过程就是学生和世界在对话过程中"相遇"并相互生成的过程。怀特海把教学过程分为浪漫想象、精确分析和综合运用三个环节，认为儿童时期主要是对实际存在物的浪漫想象，少年时期是对实际存在物的精确分析，青年时期则应走向综合运用。他是从学生不同的年龄阶段来说的，其实，每一个教学活动都应该包括这样的三个阶段。教育就应该是这样一种不断重复的循环周期，由浪漫想象、自由探索进入精确分析，然后走向综合运用。

语文教育是一种作为过程的存在，是许多因素相互关联、相互作用的有机体。这个过程是具有生成性，也就是说，有机体在不断地发展变化。这是语文教育观念中的最根本的蕴含。正如怀特海所认为的，"存在"的本质在于从资料到结果的转变，任何在某种意义上存在的事物都不可避免地卷入了"事物之流"。语文教育的意义就在于对过程的促进和"发酵"。语文教育过程表现为活动的持续性、动态的现实性和主客体的相互依赖性。语文教育由此产生主体直接经验的生动的基本材料。思维正是起源于直接经验的情境，是实际经验的情境的性质引起主体的探究和反思。

语文教育是主客体呼唤和回应的双向交流的过程。主客体在交流中渗透、融合而结为一体。完成这项任务的是一种类似于磁场的存在，我们称之为"感受"。感受是一种心理体验和激发的过程，任何事物都因为"感受"才得以存在。怀特海说："感受不能从包含着它的实际存在物中抽象出来。这种实际存在物叫做感受的'主体'。正是借助于主体感受才成为一种事物。"这就是说，离开了感受，主客体便无法"相遇"，那么宇宙间存在的有机体就会分裂为孤立的碎片。

语文教育是学生精神成长的过程。精神包括心灵和智慧两个方面的因素。它是通过对实际存在物的感受、推断来实现的。主体的精神受到实际存在物的启迪又反照于存在物。多方面的联系和沟通是产生感受的条件。心灵不是对自然的被动反映，而是人类采取赋予生活经验以意义的方式，积极解释和转变概念的能力。智慧也不仅仅是对知识的记忆，更多地表现为对知识的掌握和运用的方式及其效益。语文教育是一种充满创造意味的精神探险的过程。在这个过程中，主客体逐渐融合，受教育者跟世界的关系日益广泛、深刻起来。

二、过程和方法在语文教育中的位置

语文教育的知识和能力、过程和方法、情感态度和价值观的三个目标联结为一个不可分割的有机整体，其中过程和方法的目标在这个有机体中占有十分重要的位置。

知识和能力的目标只有在具体的过程中、采用一定的方法才能够完成。知识的学习、理解和运用要经过一定的过程，能力的培养更离不开具体的过程。过程是由若干环节构成的，若干环节间的内在联系就是方法。没有任何知识的掌握和能力的形成能够离开过程和方法而凭空产生。知识是前人的认知成果，要学习、运用它，没有一个实在的过程怎么行？能力的获得要亲身实践，反复练习，没有具体的方法怎么进行？同样，情感态度和价值观目标的实现也离不开具体的过程和方法。情感的产生离不开实际存在物，情感是主客体之间深入交流的精神产物。即使是被他人的情感所感染，也存在一个主体与主体之间交流的过程，而且要真的被打动进而接受他人的情感，也一定需要对他人情感产生的根源有所了解，有所感受。一个人价值观的形成更是不容易，要经由对客观事物的认知、感情的激动和灵魂的澡雪，最终价值观还要由主体的实践行为体现出来。这就有一个如何认识客观事物、如何感悟和升华、如何支配自己行为的问题。那种把自认为正确的情感态度和价值标准作为现成的结论传授给学生的看法是可笑的。任何观念都不可以强引灌输和被动地接受，哪怕是正确的。任何有意义的成长都发生在生命的内部。

在语文教育中，知识和能力、情感态度和价值观都存在于过程和方法之中。没有完备的过程和妥善的方法，它们将会游离和僵化，绝不可能内化为学生的生命力。过程和方法的缺失必然导致知识和能力、情感态度和价值观的虚浮，最终必然导致学生主体性的迷失。反过来看，过程和方法也不是一具空壳，而是包含着具体、丰富的内容。语文教育的过程和方法就是学习知识、培养能力的过程和方法，就是养成良好的情感态度和崇高的价值观的过程和方法。过程和方法的每一个环节和步骤，它的对象、要素、动力、结果，都是由知识、能力、情感、价值观等因素构成的生命体。这就是说，过程和方法不可能离开知识和能力、情感态度和价值观而独立存在。知识和能力、情感态度和价值观也不可能离开过程和方法而获得。

过程之外没有存在物。世界存在于主客体遇合、交融的过程之中，主体从客体受到启迪，客体被主体重新赋予生命。主客体在遇合的过程中结合为一个和谐的整体，主体通过交融获得并壮大自己的生命。如果失去这样的过程，主客体之间、主体与主体之间都将是孤立的，彼此分割，没有联系，客体将黯然失色，主体也难以获得和保持自身的活力。语文教育中的每一个活动，都是这种意义上的认知活动。学生在过程中认知世界、发展自己。他们从自然界、人类社会、科学艺术中得到心灵的召唤，获取智慧的领悟，同时，他们也以自己心灵的阳光照射事物。教学生认识一个字、阅读一篇课文，其实质就是在认识一种事物，体验一段生活，让世界走进学生的心灵，让学生的心灵也融入世界。通过这样深入对话和交流，世界敞亮起来，学生的生命也得到发展壮大。这个过程不是瞬间可以完成的，而包括一个心理的时空，包括物质和精神交织在一起然后孕育出新的精神成果的各个环节。人们的认识、人们的精神活动，没有办法只一步就从起点走到终点。人的认识是在具体的过程中完成的，人的生命也是在不断探索的过程中成长的。

方法存在于过程之中。在本质上，方法是主体与客体、主体与主体在过程中相互联结的一种方式。方法绝不仅仅是一种技术性的东西，更是一种面向世界的态度，是一种思想的现实。比如情景交融的写作方法，实质上是一种主客体融合的产物，是一种天人合一观念的反映；从字词中品味作者的思想感情的方法，是在语言全息理念下指导的实践；综合学习的方法，实际上反映了我们系统地看待事物的方式，也是事物真实存在状态的反映。过程都是由具体的方法组成的，方法是过程的内容，许多目标一致的方法组成一个富有创造活力的过程。

一般地说，过程和方法具有四个特性，即实践性、流动性、发展性和综合性。实践性是说，任何过程和方法都是主体的实践活动，都要认知客观存在物，进行物质或精神的生产。流动性是说，过程和方法不是静止的，总是从一个环节指向另一个环节，从开端指向结果。发展性是指，在过程的进行和方法的采用中，主体的结构必然发生变动，通过吸纳外界的信息、进行自身内部的重新组合而上升到一个新的水平。综合性是说，任何过程和方法都不是单一的，而包括主客体两个系统中的诸要素，即过程和方法的目标、材料、动力、流程、结果等各环节要素。

语文教学过程是由一些可操作的具体方法构成的。语文教学的方法不是单纯的技术问题，而受制于教学的内容和目标，是语文性质的反映，是师生思维的现实，甚至还能从一些方法上看出时代的影子和社会思潮的涛声。所以，对语文教学方法的研究在本质上是关于人的价值的追求。

"语文知识教学应区分不同的知识类型：对于'现象知识'应以体验为主要途径；对于缄默知识，采取以案例为主要形式的知识教学法；对于原理知识、程序性知识，采取以训练为主要行为方式的知识教学法。"学生的隐性知识资源是在生活实践中获得的，倘若学习情景和获得隐性知识的生活情景悬殊，运用隐性语文知识的迁移活动就极难产生。在两个相似的情境中，学习迁移更容易产生。教师要尽力创造适宜的课堂情境，调动学生的隐性知识资源，激发出来为其所用。

第二节　大学语文教育过程的本质和节律

一、语文教育的过程和方法的特殊性

语文教育的过程和方法除具有以上一般的特性之外，还具有自己的特殊性，就是开放性、关联性和回归性。语文教育是多个对象、多种层次、多种角度的对话。凡是世界上存在的，生活中遇到的、自己认识到的，都可以纳入语文教育的过程和方法中。这就促进了语文教育过程和方法的丰富多彩。语文教育过程和方法的封闭必将导致语文教育的单调、枯燥和僵死。参与到过程和方法中的种种要素紧密联系、相互作用。理解作品既是对作家的理解，更是对作品所表现的事物的理解。作文不仅仅是运用语言文字的问题，更是对事物、对社会、对世界认识的问题。事实、观点和意义之间、物质存在和精神生成之间都不是孤立的。主体与客体之间、主体与主体之间存在着多种多样的或明或暗的包含、孕育、催生等紧密联系。语文教育的过程和方法最终要指向作为学习主体的学生自身，完成生命内部的意义建构，实现精神和心灵的发展。人和世界的联系是自己建立起来的，而不是由别人代为确立的。人的心智也正是在过程和方法中发展起来的。

具体地说，语文教育的过程要经过体验、感悟、思考、表达等几个阶段。最基本的方法包括观察、诵读、想象、探究、交流等。过程和方法是融合在一起的。语文学习研究的对象有两类：一是具体实在物，二是符号替代物。对于具体实在物可以直接感受，而对符号替代物则需要通过想象转化为可以感受的具体实在物。敏锐的感知和体验是语文学习最为关键的一步。语文教育必须调动起学生的全部感官，用眼睛观察，用耳朵倾听，用舌头品尝，用鼻子嗅，用手触摸，用整个肉身来感受、来体验，这样，事物便和生命融为一体了。就是那一行行的文字也都成了鼻息撩人、光彩闪烁、温情流动的有生命的存在。文字以及事物通过学生的体验，经由联想，才可以进入人的灵魂并在灵魂里面升腾飞翔。要身有所感、心有所思、情摇神荡，才能进入到思考和研究的阶段。在思考和研究中，想象是极为重要的。这里的想象已不同于前一阶段中感性化的想象，这一阶段虽然不排除形象，但主要的是抽象和概括，是寻找联系和获得发现。它包括三个要素：一是接触实际，明了真实的存在；二是把握事物的本性，从事物的原因去解释事物；三是寻找事物之间的联系，促进运用。要获得对事物的真正理解，就要开启悟性、独立思考。了解了事物，弄清了事物的根源，形成了自己的真知灼见，语文学习也才具有生命、拥有了魂灵。最后一个阶段是表达和交流，是语文教育的高级阶段。要把知识转化成自己所理解了的东西，要和实际接触，要运用主体的思考力，并形成自己的意见。切不可用别人的眼睛来代替自己的眼睛，用别人的头脑来代替自己的头脑。必须自己研究事物本身，发出属于自己的声音。这样，学习主体在表达和交流中跟世界建立起联系，同时又在日益广泛深刻的联系中丰富和提高了自己。

语文教育过程和方法的目标具有两重意义：一是它本身是教育的目标；二是它还是实现目标的途径，具有重要的发展功能。正确的方法能发展人，错误的方法能扼杀人。我们所说的体验、想象、表达的学习方法是自主的，注重刺激学生的内部生长机制，能够解放和促进学生的创造性。由这样的方法构成的学习过程必定是充满生机的。学生置身于这样的学习过程，必然心灵自由、思维活跃，语文学习就成了人本质力量的快乐游戏。

二、语文教育过程的要素和特征

语文教育过程的要素。从过程的要素入手来分析语文教育是最基础的一步。语文教育的过程包括三个主体要素和一个关联要素，主体要素是学生、教材和教师，关联要素是三个主体要素之间的相互关系。过程的这四个要素共同构成语文教育的有机体。

学生。学生作为一种心灵化的存在物，是教育过程中最基本、最活跃的因素。它既是教育的出发点，也是教育的归宿，是过程和目标的统一体。学生感受、体验教材，学生的"心智绝不是被动的，它是一种永不休止的活动，灵敏、富有接受性，对刺激反应快。你不可能推迟它的生命，到你使它锋利了的时候才有生命"。心灵是一个参与者而不是参观者，学生在语文教育的过程中自我发展。

教材。教材是宇宙的一个镜像，是被意识了的实际存在物。实际存在物可以分为实体存在物和概念存在物两类。实体存在物是指具有形体的存在，它广泛地存在于自然界和人类社会。概念存在物是指符号化了的存在，如文学艺术作品。语文教材既包括概念存在物也包括实体存在物，实体存在物和概念存在物经由学生的感受等一系列精神活动而相互转化。学生通过学习教材而感知世界。语文教育就是学生和世界建立起广泛的联系并逐步深化的过程。教材提供认识的对象，发出呼唤。教材不是机械的冷冰冰的东西，而有巨大的潜能。它以蕴含的丰富信息走进主体并打破主体图式的平衡，促进主体形成张力，寻求发展。主体以积极响应的精神态度接纳教材，接受、发现、同化，最终达到主客一体的沟通和交融。

教师。在过程要素中，语文教师的存在有两种意义：一是作为教材的存在；二是作为关联的存在。语文教师的这种二重性决定了他的重要性和复杂性。语文教师对教材的解读、对课程的组织以及他自身都是积极的文化性的实际存在物。作为关联的存在是指语文教师在学生和世界这两个实际存在物之中充当中介人的角色，在实体存在物和概念实存物之间起到重要的沟通和转化作用。特别重要的是，教师的人格、思想等精神力量在主客体的融合过程中起到重要的指示和促进作用。他亲手打开存在之门，以自己思想之光照射进去，使学生对世界的感受得到催化和烛照。教师不是主客体之间的一堵墙，也不是一座桥，严格地说，是从桥上跑过去的过程。语文教师工作的价值在于他的过程性的存在，教师的感受与学生的感受不是代替也不是重合，而是引发和催生。

关联。过程中各要素之间的关联紧密又频繁，而且各要素之间的关联方式直接决定着各要素效能的发挥。这就是说，关系决定存在，实际存在物的价值不能自我确证，而是在相互关联的过程中实现的。对话、交流、融合、催生，是语文教育各要素关联的本质属性。具体地说，学生、教师和教材是三位一体的，三者通过对话交流而融合生长，其中学生的生长是核心目标，在各种关联中起着决定作用。教师在整个过程中都处于隐性的地位，语文教材是实际存在物与概念存在物之间转化和结合的标本，若隐若现。它们在学生和世界相知之后而最终退出这个动态系统，留下的只是一个精神化的符号存在物，魂在而形逝。

语文教育过程的特征。语文教育过程是借助于语言对世界的认知过程，是学生在言语中自我组织的过程，具有十分突出的个性特征。语文教育过程的特征可以概括为开放性、关联性和回归性。

过程的开放性。在语文教育过程中，主客体都是表现出开放的特性，而且是双向对流的。主体的开放表现为学生心灵的接纳性，客体的开放表现为实际存在物的启示性。世界以无数的实在之物显现在我们面前，学生以独特的感受和独立的思想参与到语文教育过程之中，因此，客体的启示和主体的接纳、交集形成一个多重的对话领域。它的情形如火种与木柴的相遇，如两条江河的交融或对流。主客体任何一方的关闭都意味着语文教育过程的中止。从过程哲学来看，过程的中止便意味着实际存在物意义的丧失。教师的开放性表现为把教材和学生往同一个场域的集中和投放，教师不能束缚任何一方，而只能是打开、纠集，使主客体共存于一个统一体中。

过程的关联性。关联性是指对观点和意义之间联系的不断寻求，并考虑历史文化背景与关联情景的感知方式之间的联系。各种实际存在物之间都不是孤立的和封闭的。关联就是不断地寻求、不断地探索，发现事物之间的联系。这种联系主要是内在的精神上的联系。主要有：各存在物之间的联系，每一种存在物内外之间的联系，存在物在不同时空中所具有的意义的联系，对实际存在物的千差万别的感受方式及其结果的联系，实体存在物和概念存在物之间的联系。所有这些联系都可以归结为主客体之间的联系。这种联系是具有历史文化性的存在，是无限丰富的心灵之间架起的彩桥。关联在本质上表现为实存、观点和意义之间的联系。

过程回归性。回归性是语文教育过程最具价值的终结性的特征。如果说开放和关联是以主体的心灵为起源往四面八方的无数实际存在物发散，那么，回归则是从实际存在物向主体心灵的收拢。回归是经验的反思、意义的重构和整个机体的转变。回归的价值在于：主体跟世界的联系是自己建立起来的，而不是别人建立起来的；主体跟世界的联系靠的是感受而不仅仅是对世界的记忆；主体跟世界的联系是积极的重组、整合和创建，而不是单向的孤立的储存。回归使主体拥有世界、融入世界。回归性是语文教育的目的之所在。语文教育最终要回到主体自身，通过对实际存在物的选择、感受、解释，完成意义的建构。

三、语文教育过程的本质和节律

语文教育过程的本质。语文教育的过程是丰富多彩的，学生、教材和教师的不同都使得每一个过程显示出鲜明的个性。但是不同个性的过程在本质上是一致的，即都具有实践和创造的本质特征。

过程的实践性。实践是指主体与实际存在物的亲密接触，主体感受客体并达到二者的和谐统一。语文教育的实践表现为紧密相连的两个阶段或形式，即认识和表达。认识是感受，表达是理解。认识是表达的前提，表达是认识的深化。认识和表达结合在一起促进主客体之间广泛深刻的联系。在语文的实践中，认识侧重于感性的把握，而表达中则渗入了理性的思辨。

过程的创造性。语文教育的创造是指发现实际存在物之间的联系及其价值。创造重在物质存在和精神存在之间的转化，在于想象、判断和推理，在于主客体及其各种感受之间的沟通。教育的价值在于发展和创新。"最重要的是，我们必须警惕缺乏活力的死板概念，也就是未经思考、未经经验的，对观念囫囵吞枣式的接受。"怀特海把只会记住概念而不会感受和思考的人称作"名存实亡的人"。他说："信息的碎片与这种教育完全是两码事……一个仅由信息装备起来的人是世界上最无用的。"语文教育"是思想的活动和对美及人类感情的接受"。这种接受应该是自我生成性的。经过对实际存在物的感受、转变、多重解释，达到理解并最终实现意义的建构。

　　实践和创造是融为一体的，创造是在实践中的创造，实践也是创造意义上的实践。把实践和创造联系在一起的是主体精神的自由。离开了主体精神的自由，实践和创造都将是不可能的事情。

　　语文教育过程的节律。过程的节律是语文教育中最具有实践意义的一个问题。语文教育的过程是通过节律展开的，过程的要素、特征和本质也是经由节律才能得以参与到过程中并在过程中体现的。我们从长度、环节、动力和中介四个方面来讨论语文教育过程的节律。

　　过程的长度。语文教育过程的长度不是物理方面的时空量，而是一种心理的时空。长度的标志是完成一个从物质存在到精神存在的转化以及主体间感受的沟通。要经过对实际存在物的接触、感受到理解和表达，从实际经验情境的感受到超越实际经验情境的探究和反思。这是一个人的精神不断壮大的历程。在具体的语文学习活动中，常常表现为从材料到观点再到表达出来的一个完整的过程，这个过程是语文教育的最基本的单位。无数的基本单位联结成为一个人精神生命的成长史。过程长度的压缩和删减是对语文教育及主体精神的压抑和扭曲。

　　过程的环节。环节有两个层面上的意义：从历时的层面上说，语文教育要经过浪漫想象、精确分析和综合运用三个环节。儿童时期主要是对实际存在物的浪漫想象，指的是事物未以清晰的结构呈现，而以混沌的面目出现在学习者面前，学习是通过想象等浪漫的方式进行的。少年时期是对实际存在物的精确分析，即对浪漫阶段已经存在于头脑中的活跃而混乱的思想进行有序排列的阶段，同时，需要不断地补充新的知识，以促进对原有知识的认识，对浪漫阶段的一般内容做出揭示和分析。所谓精确分析是相对于浪漫想象而言的，如果跟数理上的精确分析相比较，语文教育中的"精确分析"仍然是模糊的，这是因为它无法进行定量的分析。青年时期则应走向综合运用。再从共时的层面上看，语文教育必须经过感受、理解和运用这三个环节。无论历时层面还是共时层面，它们都绝不是各自独立、从一个环节跳到另一个环节的，而是交融和包含，是渐变式的关系。怀特海认为，每一堂课，每一门学科，甚至人的一生，都是由这三个阶段不断交错重叠着的，教育就应该是这样一种不断重复的循环周期。

过程的动力。主客体之间的融合为什么是可能的？这个过程的动力是什么？从表面上来看是由于实际存在物的不同个性的相互作用，就像温度的传递和水的流动。更深层的原因则在主体：主体的欲望，认识事物的天性，但更重要的是在这个基础上以历史文化培育出来的主体精神，其核心的因素是理想和信仰。主体精神把分散的实际存在物统一于一个有机体内，并以自己的光照发现实际存在物的本性——从物质存在到精神存在的转化。

过程的中介。中介是一种实际存在向另一种实际存在转化的中介，具有联结和沟通的功能。中介普遍地存在于无数的实际存在物之间，把世界联结成为一个系统或整体。失去中介的世界将是零碎的，甚至可以说，完全离开中介的实际存在物是没有意义的。语文教育过程的中介是语言，它把物质存在和精神存在联系在一起。与物理性的中介相比，语言中介具有二重性，除了具有联结和沟通的作用以外，本身还具有极大的潜能，是物质存在和精神存在相结合的产物。在物质存在和精神存在的联结中，它还发挥着促进、转化的重要作用，而物理性的中介仅有传导而没有转化功能。

语言是天地万物的言说，万物以语言的方式向主体敞开，而主体也是以语言的方式来感受万物的。语言是有生命的，语文教育过程的转化表现为语言的流动。语言的转化功能还有更进一步的意义，就是实现实体存在物和概念存在物的转换。在这个意义上，语言不仅是语文教育过程的中介，还是语文教育过程的材料和动力。

虽然说是世界存在于语言中，人存在于语言中，但语文教育的终极境界还是要超越，要达到物质和精神、个体和世界、躯体和心灵的高度统一。

第三节　大学语文教育的生态系统

大学语文是一个结构庞大的生态系统，盲人摸象式的局部确认是对整体的歪曲，必然导致对大学语文教育生命的扼杀。大学语文教育的路径跟大学语文一样复杂，我们以生态学的观点来分析它，希望借此看清目标并找到一条清晰、切实的教育路径。如果能够在认清大学语文教育的结构组分、能量传递网络的基础上考察大学语文教育，那么，它的教育路径也许就会清晰地在我们面前延伸。

一、生态学的基本原理

生态学是一门"研究有机体或有机群体与其周围环境关系的科学"，研究对象分为个体、种群、群落和生态系统四个层次。在一个生态系统中，所有的生物组成多个生物群，各种生物群之间通过能量流动和物质循环构成相互影响、相互制约的统一整体。自然界生态系统的组成包括非生物的物质和能量、生产者、消费者和分解者四个部分。各部分之间最本质的联系是通过营养来实现的。或者说，生物与环境、生物与生物间的密切联系是通过食物链的能量流动来实现的。自然生态系统的能量流动是单向的并且逐级递减，因而往往呈现出金字塔状。

自然界生态系统的基本规律是相互依存与相互制约、物质循环转化与再生、物质输入输出的动态平衡、相互适应与补偿的协同进化。在整个生态系统中没有所谓的单个独立存在物，它们完全是联系的和共生的。生态学的基本精神是综合、联系、平衡。

在生态学看来，"世界是由关系网络组成的有机整体，现实中的一切单位都是内在地联系着的，所有单位或个体都是由关系构成的。在这个整体中，作为关系者的事物和事物间的关系都是真实地存在着的，任何一物的变化必然引起这些复杂关系网络的变化。这种相互包含的关系是一种内在的有机联系，而不是实体与实体之间机械的外在相互联系"。"生态智慧可以应用于教育研究，生态思维模式本身更贴近教育形态"。1976 年，劳伦斯·克雷明运用生态学原理与方法研究教育现象，把教育与生态环境联系起来。这标志着生态学已从纯粹的生物学研究踏上了与人文学科融会贯通的新道路。但这时多是宏观的教育生态研究，主要是从整体上探究教育与社会、文化的互动。近年来，有人把生态学原理运用于教学，认为"从生态学的角度研究教学问题是一个新的视角。目前有关生态学的研究立场、视角、原理、方法，也同样适用于教学问题的研究"。

二、大学语文教育生态结构的特征

第一，大学语文生态组分的生殖性。

在自然界，一个种群要达到一定的数量才能保证该物种的稳定生存，不少物种因为数量的减少而消亡或趋于消亡。所谓生态危机正是由此而产生。大学语文教育系统的构成因素是无限的。也许有人认为汉字的数量是有限的，但一个汉字有多种含义，每一种含义又随着人们生活的变化，通过比喻、引申等方式快速生殖；汉字的构词能力极强，每个词在无数具体的语境中繁衍的意项能够包罗万事万物。语文的外延与生活的外延相等，世界上一切已经存在和可能存在的，凡是人可以意识到的，都可以作为而且也必定会成为语文的构成因素。

大学语文教育研究最为困难的大约就是它的构成因素实在太过于庞杂，以至于有种置身于无边的海洋而无力泅渡的沉溺感。如果从生态学的观点来考察大学语文教育系统，它的组分结构和功能结构就会逐渐清晰起来。大学语文不可穷尽的构成因素可以归属于四个大的群落，或者说，大学语文生态系统有四种组分：文字、文化、存在、生命。

汉字以简单的笔画描绘出了事物的特征，是作为主体的人对事物细致观察和准确把握的写照，是一种充满诗性的认知活动的结晶，里面储存着丰富的生命热量。在源远流长的汉文化的背景下，每一个汉字都布满了历史的脚印，充盈着真实生命鲜活的呼吸。文字是人类最重要的交际工具。"交际"是主体和客体之间、主体与主体之间的对话和交流。客体一旦进入主体的视野，就不再是纯客观的了，特别是在人文领域，往往映现出主体的本质力量的光辉；而主体是文化孕育出来的精神的载体，主体之间的交际无不显示出人的本质力量的对话性。"交际"在本质上是一种深刻的生成性的文化活动。汉字是文化的载体又孕育着文化精神。

语文教育意义上的存在泛指各种事物或现象。从类别上可分为自然界的一切景物和人类社会的人物和事件、组织和思潮、文化和文明。不仅有现实生活也有历史典籍——大学语文学习过程中接触最多的正是各种言语文献；既有物质形态的也有精神观念的。存在在语文系统中绝不是纯粹物质的，更是心理的和经验的，文字中的存在是前人体验过的世界，感受了的世界。阅读文字必须跟自己的经验世界联系起来，合而为一个属我的精神世界。一切存在物都是语文的来源、对象和动力；在心灵力量的作用下，一切存在都转化为高贵的生命精神，最终达到"天地万物以为心"的境界。

因此，大学语文各生态组分不仅互相依存、互相映射，而且互相激发和催生，共同构成一个辽阔、蓬勃的心灵牧场，由此孕育和发展人的主体精神。

第二，大学语文生态结构的环流性。

自然生态结构呈现金字塔的形状。处于金字塔底部的是能够吸收太阳能并制造营养物质的绿色植物，站在塔尖上的动物通常是肉食性的大型猛兽，还有我们人类。在这种生态结构中，一个生物群落的生存是以蚕食另一个生物群落为基础的，即使相同相近的物种也常因利用同一资源而厮杀。"大鱼吃小鱼，小鱼吃虾米，虾米吃浮游生物，浮游生物吃绿藻"以及"一山不能居二虎"，就形象地揭示出自然界生态结构的层级性及其吃与被吃的生存原则。

大学语文中的文字、文化、存在、生命四种组分不是金字塔的结构，而是互相交叉渗透、呈双向奔流的环状分布的四个生态圈。它们之间的关系完全不是自然生态中吃与被吃的关系，恰恰相反，它们之间是互利共生的孕育关系。

语言就是我们存在的世界。语言的存在方式首要的是对在场和现实的记忆和描述，它带着生命的体温和灵魂的印痕，保持了一个民族对生活当中最核心、最本质部分的体验。是语言诱导我们深入生活、体验生活的切肤之痛，使我们不再做一个俯视者和旁观者，而是真正融入其中，让世界的风景扑入我们的眼帘，让生活中的激流在我们的血管里奔涌呼啸。人正是通过语言才跟生存的世界建立起了深刻而又广泛的联系。文化是一种精神力量，是一种价值取向，是人类不屈不挠走向文明的悲壮过程以及在这个过程中产生的辉煌成果，是文化使我们的精神站立起来。我们对文字的阅读和理解总是在主体精神的策动下向文化的底蕴挺进，寻找、感受和吸纳文字所建立的形象背后的文化精神。真正意义上的言说，是具有主体性的人跟世界的对话。而且，人的精神是在这种对话中成长的，语文能力也是在这种对话中形成和发展起来的。

大学语文各组分环流、奔腾，组成络绎不绝的人类文明进步的文化景观。

我们由此深深地理解民族以及人类的历史和现状并展望未来，为自己及社会设计一个理想的蓝图，并为之努力奋斗。

跟自然界所有生态系统一样，大学语文生态系统中的每一个组分都必须吸取能量才能维持自身，同时，它也要生产能量传递给别的组分。各组分通过能量有效地不断传递共同发挥结构系统的整体功能。

第三，大学语文生态系统能量传递的可逆性。

在自然生态系统中，生物组分之间的能量传递关系错综复杂，但能量传递的基本形式是一种生物以另一种生物为食，从而形成一个以食物连接起来的能量传递的链锁关系。它们通过一系列的吃与被吃的关系把彼此紧密地联系起来。生物间的能量传递意味着食物链中一种生物的消失，就是说，这种能量的传递是单向的、不可逆的。

而大学语文组分的能量传递是可逆的、双向的，能量传递绝不是以一个"种群"的消失为代价，不是像自然生态一样组分能量传递的一级级减少。相反，在每一级能量传递的过程中，能量还可以再生，就是说，大学语文组分能量的传递具有生成性。比如，文字在一代代人的运用中积淀出丰厚的文化含义，使得字义变得丰富，字的能量因此成倍扩大。每一个人使用字词的时候，又总是表达自己的思想认识，赋予字词鲜明的个体色彩。人在使用语言的过程中接受文化的洗礼，养育文化精神，而富有崇高文化精神的人又赋予语言以生命的光彩。一个人言语的内容和方式在本质上是他生命的现实，精神的高度决定着言语的高度。语文活动实质上是一种深刻的生命活动。文采即生命的光彩，华章映射出精神的光辉。口若悬河、下笔如有神是思维的奔涌不息。学生了解生存的这个世界，认识自然和社会，洞察历史和现实，理解个体生命在世界中的真实存在及其意义；用高贵的心灵之光去反观、照射这个世界上一切现存的事物，以自己丰富、强健的想象力实行对现实的超越。

大学语文组分的重要特性是生产者、消费者和分解者的合一，它们同时具有三种功能。这并不是说每一个组分自身是生产者、消费者和分解者封闭的内循环，恰恰相反，它们都是开放的、耗散的。它们不是生物体内物理能或化学能的传递，而是信息的传递——认知的智慧和情感的因素以及价值的判断。人的生命是在跟世界建立起来的关系中显示其自身价值的。从哲学上来说，主体与客体并不是彼此孤立的存在，也不是单向的联系，而是一种积极深刻的交流和融合。一种进取的生命总是不断地从世界万物中获得启示，而世界万物也因为人的精神映照而显示出生机。这是一个循环往复、不断深化的过程。在这个过程中，语言起到一种联结和推进作用。人是在语言中与存在"相遇"的。海德格尔认为，语言的本质是去蔽，是一种澄明的到来，是人诗意地栖息在大地上的精神家园。"语言艺术并不是对一个现成的给予的实在作单纯复写，它是导向对事物和人类生活得出客观见解的途径之一。"

第四，大学语文生态系统能量传递的主体性。

自然界的生态秩序是在多种群落相互作用的关系中自发地实现的，而语文生态中各单独个体的行为秩序是由系统中枢发布命令决定的。具体地说，文字、文化、存在等组分功能发挥的程度受主体生命的制约。处于生命核心地位的价值理想既是一种主导性的动力，也是语文生态系统运动的目的。

大学语文生态系统虽然外在地表现为某种技术的成分，但实质上属于观念形态。如果从微观的角度看，会发现它的内在结构如人的神经结构一样细密，功能极为复杂，各个结构要素的功能都不是孤立地进行的，而是在人的生命价值指令的直接或间接控制下，互相联系、相互影响、密切配合，使语文素养成为一个完整统一的有机体，实现和发挥语文文化交际的功能。人的主体精神及其认知规律决定着语文生态运行的秩序和方向。从接受的角度看，语文信息接收的基础是学生个体的体验。一切精神、价值以及概念、观点的接受、衍生，都要在这个基础上才能实现。语文各组分能量的传递必须有适合大学生感官需要的鲜明特点和刺激态势，使信息到达后便于接受和理解，从而成为他认知结构中的一部分。

语文生态系统之间遵守的是情感逻辑和价值逻辑，言语行为是由系统的生命感情和价值系统指挥的。在文字、文化、存在、生命四个生态圈中，起主导作用的是人的生命。生命深处的感情态度、价值观和理想精神共同构成一个人的主体意识，其中最核心的是理想精神，它既是运用语言的动力，又是运用语言的内存尺度。言语流并不是如水波光波一样的纯物理性的东西，而是感情价值以及理想的流动。当我们面对一群人物一些事件的时候，只有理想的光辉洒在它的身上，才能对它产生一种生动的感知，才能评判它的价值，才能对它发生某种心理的触动，那么思维飞扬起来，语言才可能飞扬起来。理想不仅重新赋予字词以个性化的生命，而且还决定着字词"排列"的秩序和方向。运用语言的能力在本质上是一种心灵的力量，言语行为只是把外部世界跟思想结合在一起。

语文生态的主体性还表现为要不断主动地打破系统结构的平衡。这与自然生态依靠被动的自我调节来实现能量供求平衡有很大的不同。语文教育生态系统追求的不是系统的平衡或稳定，各组分之间不要平衡或稳定而是要不断打破、远离平衡态。语文系统各组分必须与外界不断进行物质、能量、信息的交换运动，要充分开放边界，不断引进大量新鲜的语文材料，特别是引进一些异质的语文材料，对系统的原有结构产生冲击，从而实现语文生态结构的进化。特别要指出的是，调节系统各组分关系和数量比的主导力量是人的理想精神，作为主体的人能够自觉地确定生命和言语的关系、生命和世界的关系，从而积极、主动地选择优秀的文化丰富自己的语言，建构自己的生命，实现对存在的敞亮、深刻的表达。

第四节 大学语文教育的五步教学法

大学语文教育是认识过程、心理过程、社会化过程的运动系统。它除具有生态系统一般的整体性等结构特征外，还具有自身生态结构的独特性。大学语文教育应当根据其生态结构的内在特征，充分发挥文字、文化、存在、生命四个生态圈的结构功能，采用"五步教学法"。不同教师可以依据自身的条件和能力，针对不同的教学内容，去自主创造适合于自己实际情况的教学方法，但基本的程序应是遵循其内在结构的回环和上升。

大学语文教育要从文字开始，在文字教学的过程中，用文化知识拓展生命的领域，用文化精神建设生命的主体性。一个丰富、强健的生命观察、体验多样性的存在，才能建立起主体跟世界广泛深刻的联系，从而能够直面人生，自觉地承担起改造社会的责任。这种认识、责任还要用文字流畅、完美地表达出来。语文教育的这个路径可以简明地表示为：文字→文化→生命→存在→文字。从文字开始再回到文字，这不是处于一个平面上的封闭圆圈，而是呈现出螺旋式上升的态势。开始的文字是已经存在的别人文字，而后头的文字则是满含着自己思想和感情的文字。把文字、文化、生命、存在和文字连接在一起的是听、说、读、写的语文活动。这四种语文活动是以显在的形式进行的，它们之间的紧密相连也构成一个循环不息的圆圈。这样，语文教育的路径可以简化为两个交叉渗透、循环往复的圆，圆的中心是一个渐渐成长起来的"人"。

文字——语文教育开始的文字是我们要阅读和理解的文字。在阅读过程中，我们要把一串串的文字转换成鲜明的人生场景，再把人生场景转换成自己的人生经历。阅读理解文字首先要把文字一起交给五官，让它们感受文字的体温，让它们对文字所代表的事物的各种属性形成清晰的感觉。不论是建立起完整的意象，还是体味意象背后的意味，都离不开主体感同身受的深度参与和对话式的交流。阅读作为一种过程性的精神事件要求读者亲身参与其中，亲身参与是指读者精神的"在场"状态。个体的生命体验能够使艺术形象具有生气勃勃的活力，同时，又借此实现对艺术形象的富有诗意的超越，实行向文本形而上的精神境界的推进。

文化——由文字的阅读进入到文化的理解，实现与生命和文化精神的沟通。对文字的阅读和理解要向文化的底蕴挺进，寻找、感受和吸纳文字所建立的形象背后的文化精神。人类精神的根深深地植入厚重的文化传统，是文化使我们的精神站立起来。大学语文教育应当抵达我国传统文化的心源，只有到达这种境界，才能很好地理解人生和社会。对文化的理解最终要达到情与理、自我与社会、个体感受与历史文化的统一，从而促进人性的和谐发展，使我们的理想充满生活的实在！把个人与世界、小我与大我、瞬间与永恒都融合到"天行健，君子自强不息"的生命体验之中，实现与万化冥合，达到精神的凝聚、贯注和迸发。如此，一种力量磅礴、气象豪迈、韵律充盈的生命就可以独立于天地之间了。语文教育有赖于这种生命之光的透视和烛照，才能够灵动、强健，充满活力!

生命——用言语的力量激励生命，在言语创造中更新生命。语文学习就是通过语言来认识世界和自我，在言语创造中更新生命。语文通常采用言语的艺术手段使日常生活陌生化，以此来激活人的感觉。一个人只有感觉敏锐并且积极参与和体验生活，才能形成自己具有人类良知的思想，才能成为直面人生苦难体验着深渊并敢于进入深渊冒险的人。"它在现代人情感萎缩中唤醒人对存在状况的思考，投一束光亮照彻幽昧的暗夜，重新寻找生命的真正意义所在。"我们语文教育的最高价值正在于此。

存在——让我们的生命走进存在，进而在荒诞的存在中开辟一条有意义的路。存在主义认为存在是荒诞的，正因为如此，我们才有必要用自己的个性和自由去换来属于自己的意义。以文载道、以文问道，通过不停的拷问、疑问和质问，警醒人们思考自己的存在，提醒人们追问存在的意义、如何存在以及怎样才能存在得更好。每一个时代都有自己所面临的生存难题，或者民族的生死存亡，或者阶级的厮杀搏斗，或者天灾人祸，或者贫困堕落，这些都需要富有热血和正义的人担当起来。给这些沉重的问题一个清楚的答案也是语文义不容辞的责任。装模作样地视而不见会导致语文的萎缩，甚至丧失灵魂。在任何时代，语文都不应该是一个冷血的看客或者吊儿郎当的闲人。在人们泅渡的时候，语文应当用文字赶紧建造救命的方舟。

文字——用文字歌唱自己的生命，用文字表达自己的思想。大学语文教育最重要的环节是在经历了文字、文化、生命、存在几个阶段之后再回到文字。大学语文教育过程中的语言表达一般有两类：一类是基于人间道义的言说和自我确证，另一类是基于学科问题和职业角色的认知表达。前一类写作就是在文字中往前摸索，直至走到人类历史和社会现实的交汇点，并最终抵达宇宙存在的幽微之处。把他自己的生命、语言的生命和我们生存的这个世界融为一体。人生存的困境，历史惨象的隐秘，一代人的精神结构，像峻峰深谷在言说中逐渐清晰地展现在我们面前。后一类写作万万不可轻视。一个人最终是要走向社会从事一份职业的，他要依赖于此生存和发展，以此建立和世界的联系并确立自己的价值。他从业的技能是在大学开始形成的。每一种职业，每一种领域，都有一套自己的语言系统和言语规范，各种专业能力中都包含语言表达能力。大学语文教育的意义之一就在于在语言中认识、理解自己的专业，在言语表达的过程中养成专业技能，或者专业问题的语言表达本身就是一种专业技能。

在一个生生不息的生态系统中，各组分是依存、循环的关系，一种组分是吸取其他组分的营养而维持和发展生命力的。文字、文化、存在、生命在一个人的身上是综合的、交融的，语文整体的功能必得它们齐心协力才能完成。所以，我们在语文教育中要统筹兼顾，不能只顾语言的训练而忽略了生命中感情和价值的向度和力度，忽略了生命的感受和体验。反之，脱离了语言训练的精神的凌空蹈虚和灵魂的浮云梦蝶也是不可行的。文字是船，文化是水，存在的世界是孕育力极其强大的母体，其他都是由这母体孕育而生，语文能力不可脱离了这个母体而破空裂石地生殖。

第六章　大学语文课堂教学

第一节　大学语文课堂教学的特征

语文教学最根本的特征是它精神上的理想性和方式上的体验性。

早在古希腊时期，亚里士多德在论述人的心灵状态时就指出：心灵"是关于有可能成为现实东西的某种实现和领会"。奥古斯丁在论及人的各种心理现象时说："期望属于未来的东西，记忆属于过去。从另一方面讲，紧张的行动属于现时：通过它未来的转变为过去的。可见，行动中应当包含着某种属于尚不存在的东西。"当代心理学的研究则进一步证明，人之应然状态可能"对于拥有心理的人来讲，其特征恰恰是探索。探索之中包含着内在矛盾……去探索尚不存在、但毕竟还是可能的和对于主体只不过是目标而暂且尚未现实的东西……这就是任何一个有感觉、能思维的存在之物，这个主体生命活动的基本特点。探索的离奇之处就在它自身就兼含可能之物与现实之物"。以我为对象的意识是人所独具的。这种意识能将自我区分为作为主体的自我和作为客体的自我，且能够不断按"主体我"的要求———一种应然状态去改写、发展实然存在的"客体我"。当代人类学的研究表明，人是一种非特定化、未完成的存在物，也从某一侧面表明了这种人性的两重性。人类学家米切尔·兰德曼说："人的非特定化是一种不完善，可以说，自然把尚未完成的人放在世界之中，它没有对人做出最后的限定，在一定程度上给他留下了未确定性。"正是这种非特定化和不确定性，使得人不停留于已经成为的样子，而是在自觉自为的活动中按照自己的要求去寻找适合自己的存在方式，追求新的规定性，不断地再创造自己。人的应然性存在说明人内在的具有自我发展的动因，表现为他对当下自我发展状况的不满与否定，对更高水平、更完善发展状态的企望与追求，以及实现这种种企望之"自我筹划"等。这种发展动因的"发展"可以在很大程度上预示人的发展的可能性。正如苏霍姆林斯基所说："人的心灵深处总有一种把自己当作发现者、研究者、探索者的固有需要。"

因此，语文教学积极倡导的探究式具有深厚的人性根源，它是人类精神追求的理想方式，运用这样的方式必然使语文教学充满生命的活力。语文的内容特别是那些优秀的文学作品，既是对人类生存的描述和回忆，更是对未来理想生活的展望。理想性是语文课的根基，对人类生活充满诗意的热情想象是语文课的灵魂和永不衰竭的动力。

大学语文教学是一种具有情感体验、展现生命活力的感性化汉语教学。它不应该简单地诉诸概念的解释、句法的疏通、情节的分析、要点的归纳、主题的概括等。它应该是一个完整、健全的生命体，既时时闪耀着理性的独白，也处处洋溢着感性的挥洒；它需要适时的、理性的启发与诱导，但是，更需要如春风化雨般的、感性的点燃与熏陶。我们的汉语教学，是应该以人的感性生命作为出发点和最终归宿的！因为语言本身就是人类心灵的歌唱，而汉语则是中华民族五千年以来的生命呐喊。一个汉字、一句汉语、一首诗歌、一篇散文、一部小说……它们凝聚了多少中华民族的悲与喜的情感，承载了多少中华民族欢乐与哀伤的记忆！这些又岂是几个冷冰冰的概念术语所能概括得尽的？又岂是某些硬生生的理论方法所能分析得透的？

每一个汉字、每一句汉语，都非常生动地指向生活本身、事件本身、人物本身，而这些人物、事件、情节又都是由一个个生动丰富的、充满感性的"象"所组成的。这也就意味着，我们的汉语课堂教学不能简单地进行概念的解释、逻辑的判断，而必须回到"象"中来，回到汉语言文字生命的活水源头！由"言"回到"象"，目的在于探求与"言"相对的"意"。而这个"意"应该包含三个维度，或者说三层意思。其一是指"意象"，即汉语言文字所呈现出来的融入了作者情意的画面；其二是指"意境"，是由意象叠加和连续呈现而形成的一种特定的情绪氛围，或称"情境"；其三则是指"意蕴"，即作者通过"意象"和"意境"最终所要言说的意义，是一种弦外之音、言外之意。只有"意的三重性"才能构成一个完整的、丰富的、独特的汉语言文字之"意"，也只有实现这三重之"意"的探求，才是真正感性的汉语教学！

富有灵性的语文教学应当首先回归感性，唤醒我们心中原本那个活泼、有着丰富想象与敏锐感受的心灵，徜徉在语言的大路上，穿行于汉语的字里行间，去倾听来自汉语自身的心灵歌唱。我们会惊讶地发现，与我们最终相遇的，不仅仅是那一个个跳动的语言文字，更是一种鲜活丰富的生命情思、深沉悠远的文化精神。与汉语的每一次面对，就是与一个个高贵灵魂的一次促膝而谈，就是一次自我心灵的洗刷与涤荡，就是一次人生智慧的提升与激扬。教师引导学生把自己的一颗心沉潜于汉语的字里行间，去感受每一个汉字的内在情感与文化意蕴，从而去感发、提升自我生命活力与潜能的一个完整的教学过程。

回归感性应建立在"文本细读"的体验基础上，诵文以求其气、立象以见其意、循情而探其本。

诵读能够帮助我们感受到隐藏在语言文字中间的声气、节奏和神韵，而这些又都是作者生命情思与精神能量的外化。所以，从根本上来说，诵读是为了实现读者与作者之间生命能量的转化、生命精神的延承！在汉语教学中，最好的方式便是让汉语凭着自己的言语存在去说话，让学生在汉语的字里行间去穿行，去倾听汉语文本自己的心灵歌唱，裹挟着自己的生命体验，去直觉地、形象地、深情地感受每一个汉字的生命气息，从而实现你我交融一体的诗意对话，最终开掘出语言文字背后的价值取向、精神母题和文化传承。这就是"循情而探其本"，"本"就是一种深厚久远的文化，一个民族精神的血脉。语文教学会因为文化的延伸而走向深刻，变得厚重。

孟浩然《早寒江上有怀》中"木落雁南渡"，"木落"传达出自古以来就有的"悲秋"情绪。从屈原到宋玉、汉武帝，一直到与孟浩然同时代的陈子昂，他们面对北风劲吹、黄叶飘零，都曾发出过深沉的人生悲慨。"袅袅兮秋风，洞庭波兮木叶下。""悲哉！秋之为气也，萧瑟兮草木摇落而变衰。""秋风起兮白云飞，草木黄落兮雁南归。""雁"的意蕴则可以追溯到《苏武传》中"鸿雁传书"，后来魏文帝曹丕也写过"群燕辞归雁南翔，念君客游思断肠"凄婉的诗句。天上的雁可以自由自在地飞来飞去，而客居他乡的人却不能像鸿雁那样想回家便可以回家，所以这里又多了一重对故园的渴盼与向往。"木落雁南渡"，就这么简单的五个字，虽然在语词的表层没有一个字言情，可在景物中却深隐着如此久远的文化。于是，当我们涵泳于其字里行间，便自然而然感受到一种深沉的文化力量扑面而来。

第二节　大学语文课堂教学的原则

语文课堂的教学原则既要符合一般的教学规律，又要体现出语文课堂的特殊性。语文课堂的特殊性决定于语文学科的特殊性和课堂认知活动的特殊性。语文学科的特殊性表现在语言的工具性和言语的人文性。课堂认知活动的特殊性在于认知对象的既定性和认知过程的可控性，而且教师的教学设计制约着认识活动的方向并影响它的质量。

一、大力弘扬人文精神的原则

现代社会要求公民具备良好的人文素养，具备创新精神。语文是最重要的交际工具，是人类文化的重要组成部分。所以语文课应当而且能够承担起这项任务。

马克思说："语言是思想的直接现实。""语言"和"思想"是不可分离的一个生命实体。语文的"工具"是指思维的工具，交流思想感情的工具，语文工具的运用是生命中最具人特性的部分。语文和思想的关系如同舞蹈演员的形体与舞蹈艺术的关系。从语文的运用上来看，阅读绝不仅仅是解词识字，其核心是通过语言来理解作品的内容，体验作者的感情，了解作者的思想，以提高我们的认识水平。作文也决不就是做个文字搬运工，而是运用语言把我们的思想感情表达出来，作文的过程是一个富有条理而且深刻有致的认识过程。听和说也一样，是借助有声语言来传递信息。再从语文教材来看，教材主要是由文质兼美的范文组成的。它们并不仅仅是一般的符号，而是蕴藏着巨大的信息量。从个体来说，它们是作者认知的记录和思想的成果；从整体上说，它们是文化，是民族文化无所不包、无所不至的体现。这种文化既是我们成长的沃土，也是我们要传承的血脉。

人文精神是一个流动开放的价值系统。在我国古代，它表现为一种道德理想主义，人们崇尚的是伦理层面的自我完善，追求中和仁爱的心理状态。西方近代推崇以科学和理性为核心的人文精神，这种精神极大地加速了人类物质文明的进程。到现代，在世界范围内人本主义又被提倡。三者各有长短，可以互补。

语文课堂上的人文精神，表现为自由的求真精神、自觉的发展意识和超越的价值意志。一个人应该具有独立自由的人格和求真的渴望，这既是生命的价值基础，也是社会进步的动力。自觉地发展意识是个人觉醒的标志，这意味着一种切实的负责和承担，生命会因此而沉实厚重。超越是在积极入世基础上的超越，没有入世，也就无所谓超越。入世就要自始至终热情地关注现实的人的生存状况，就不得不贴近现实。超越表现为对个人和社会理想状态的永恒追求，这种追求应内化为一种价值意志。"人文"还意味着一种特殊的认识方法，人文方法不同于自然科学的实证方法，是一种以主体的体验、理解为基础的认识自然、社会和人生的方法。而"人文"的方法正是语文学习的重要方法。

语文课堂上的人文精神不是抽象的，而是具体的，往往在一个人、一件事上表现出来。所以，我们既要充分发掘课堂学习材料中所蕴含的人文精神，又要用主体的人文精神来观照学习材料的人文价值。这要求我们既要精心选择学习的材料，同时教师也要具有较高的人文素养。

如此，语文课堂应该是文与思、情与理的统一。从词句的解读入手，循文求意、披文入情、因文明理，一如钻木取火。这火光会照彻学生的心灵，给生长着的人性指明方向。所以，在语文课堂上，我们不能满足于抽象的逻辑推理，不能停留于文字的解读，还应该引来汨罗江的涛声，还应该让学生感受到孔乙己心底的无奈和悲凉，还应该和学生一起倾听人类艰难前进的脚步声……千古之幽思、九天之豪情、人间之至理，都一齐来到课堂。真正把语文课上成人文课，上成文化课。人文精神既是语文学习的目的，也是语文学习的动力。

弘扬人文精神，在教法上要重视通过阅读课文来引导学生进行自我评价，以提高其个人从课文激发思维能力的过程。思维发展的起点在于必须依靠每个人自己的努力，发挥自己的才智，针对课文的刺激组织相应的反应。教师的任务就是促使形成良好的相互作用，或更确切地说，是引导具体阅读者对具体作品产生交流。

二、努力提高学生认识水平的原则

从静态角度看，语文无非是人们认识自然、认识社会和人生的成果；从动态角度看，语文就是这些认识的具体过程。从根本上决定语文水平高低的是人的认识水平。提高学生的认识能力和认识水平，是语文教学的重要目标。

"不论哪种语文，对它的完整和细微的知识是很不必要的，如果有人要去达到这种目的，那是荒谬和无用的。""语文的学习，尤其是在青年时代，应当和事物的学习联系起来，使我们对客观世界的认识和对语文的认识，即我们对事实的知识和我们表达事实的能力得以同步前进。因为我们是在形成人，不是形成鹦鹉。"因此，努力提高学生的认识水平，既是培养人的需要，也是提高语文表达能力的需要。这是由语文的性质和功能决定的。

夸美纽斯为语文学习制定的规则是：学生应当受到训练，用文字去表达他所看到的一切事物，应当教他懂得他所使用的一切文字的意义。谁也不许谈论他所不懂的任何事物，他也不可在领悟任何事物的时候不能同时用文字去表达他的知识。因为凡是不能表达自己的心思的人就像一座雕像，凡是一味多嘴，而并不懂得自己所说的人就像一只鹦鹉。但我们要训练的是"人"，要训练得越快越好，这个目的唯有语文教导和事实教导同时并进时才能达到。他还说："悟性应该先在事物方面得到教导，然后再教它用语文去把它们表达出来。""学生首先应当学会理解事物，然后再去记忆它们，在这两点经过训练之前，不可强调言语与笔墨的运用。""一切语言通过实践去学比通过规则去学来得容易。"他甚至主张"我们应该把那些专教文字，不能同时使人知道有用的事物的书籍，全部从学校排除出去"。只要我们想想语言是从哪里来的，语言栖身于何处，语言又最终要到哪里去，我们就不难理解学习语文的正确道路在哪里了。"实际上，建构论者最强调的是语言运用的实际条件和限制。不存在纯粹的语言，因为在某些游戏的形式之外并没有什么可被真正理解的陈述。任何语言都是在一定意义上'被应用'的，这一意义就是它在某种共同体中运作其功能。"语言来自人们对事物的认识，语言存在于文学、历史、地理、政治、经济等学科中，语言活在人们现实世界的生活中。正如我们不能指望玉米在犁耙上抽穗，小麦在锄头上扬花一样，如以"纯粹的语言"去学习语言，那实在是捕风捉影的虚妄和缘木求鱼的愚蠢。

一个人的认识水平是指对事物分析判断，透过现象抓住本质的思维程度，它包括认识的能力和认识的结果。认识水平包括知、思、情三个要素。知即知识，是对事物存在状态了解的程度，是构成认识的基础。思即思考，是运用知识分析判断得出结论的能力，是认识水平的核心。情即对认识对象的专注力，通常称为意志，是认识的动力。要提高认识水平，就要不断学习新知识，扩大和深化认知的领域，在这个过程中要进行良好的思维训练，发展思维能力。思维能力是一个人智力的主要标志。思维的方式主要有寻找因果联系的纵向思维，和通过对比抓住事物特征的横向思维，以及全面分析、由表及里的辩证思维。

对语文课堂教学来说，认识水平表现在三个方面：一是识字解词求意的能力。二是对作者已经认识的对象感受、批判再认识的能力，以及对作者思维特征——表现为表达的艺术方法——领悟、认同和鉴赏的能力。三是对自然、社会和人生的观察和思考的能力。正所谓"世事洞明皆学问，人情练达即文章"。认识水平提高了，人才能是明白人，明白人读书为文做事才能不糊涂，不肤浅。

读万卷书，行万里路，是提高认识水平最好的方法，也就是要广见闻、多思考、勤实践。就语文课堂的教学来说，提高认识水平主要是多读、多思、多问。多读，一是要读得多，二是要读得熟。读书广博，可以扩大眼界，增长见闻，积累间接实践的经验，所谓积学以储宝。读得熟才可悟得个中滋味，解透书中真义。"书读千遍，其义自见，谓读得熟，则不待解说，自晓其义也。"多读可以强记忆、开悟性、知情理。所以应要求学生熟读背诵一些优秀诗文。多思。读书的目的在于心有所得，行有所用。孔子说："学而不思则罔，思而不学则殆。"思才能透脱，才能把别人的文章化为自己的才学。食而不化是无用的表现。朱熹说："大抵观书先须熟读，使其言皆若出于吾之口。继而精思，使其意皆若出于吾之心，然后可以有得尔。"他提倡"读书要有三到，谓心到、眼到、口到。三到之中，心到最急。"心到就是思考，刨根问底，弄个明白。不仅要明白人家已经说了什么，还得明白自己想说些什么，自己想说的才是重要的。多问。如果说解决问题是一种才干，那么发现问题则是一种智慧。应鼓励启发学生多问。发现问题是一个思维过程的起点，因而提出一个问题往往比解决一个问题还重要。学生在发现并提出高质量问题的同时，必然伴随着分析综合、比较归纳、演绎推理等一系列思维活动。语文课堂上，教师更应该善于发问，通过问来引导、推动学生的思维向纵深发展。

三、切实加强语言历练的原则

加强语言历练是由语文的实践性决定的。对非语言专业的大学生来说，学习语文并不是学习关于语言的抽象理论，而是培养运用语言材料搜集信息、表达自己认识活动的言语能力。这种能力，只有在运用语言的实践活动中才能形成。"一切语言通过实践去学比通过规则去学来得容易。"这是指听、读、重读、抄写，用手、舌头去模仿，在可能的范围以内，尽量时时这样去做。曾国藩也多次强调：要"专心读书，多作古文"，"时时作文，常常为之"，"看、读、写、作四者逐日无间"，"时文亦不必苦心孤诣去作，但常常作文"。因为"心常用则活，不用则窒；常用则细，不用则粗"。语文的历练已不仅是学习掌握语文工具的需要，还是在语文实践活动中锻炼心智的需要。

"学，觉悟也；习，鸟数飞也。"学习是一个循环往复、心灵不断觉悟的过程。在自然的一切作为里面，发展都是内发的。语文学习要追求意义，而有价值的意义不是外界强加的，是由心灵里面生发的。语文学习要形成能力，而能力是学生在反复的言语实践活动中顿悟、积淀而成的言语智慧。"正是在不断的言语实践中，人和语言的关系逐渐转换，人由被动地受言语支配转换到主动地支配言语，并由此产生控制言语、作言语主人的愿望。而主体意识的滋长，主体精神的健全，主体能力的提高，则使人的言语行为由'自在'向'自觉'发展，人的语文活动变为一种能动的活动。人因此完成了向'人'的跃升。"

　　语文历练，即语文实践活动，从广义上说是在生活世界中学习言语并将言语学习融于生活世界。具体到语文课堂来说，语文实践活动是借助语言材料的一种认识活动，一般表现为听、读、说、写四种形式。前面所说的弘扬人文精神和提高认识水平都要在语文历练中才能实现。

　　语文历练的主体是学生。读是学生的读，听、说是学生的听、说，写也是学生的写。历练是主体内部的心智活动。主体的感受、体验、领悟、共鸣、想象等一系列的心理活动是别人无法代替的。学生在言语活动中获得情绪的体验，这种情绪体验可以激发他们的思维，唤醒他们的主体意识，反过来觉醒了的主体意识又能提高言语的质量。教师只是在"或多或少地扩大学生原有的语言行为手段，亦即扩大学生原有的一套思维规则或思维方式"。他的"任务在于使别人能够表达自己的意向，输出自己的信息。他不是教别人应该说什么，而是教别人怎样说"。

　　语文历练是一种情境性的活动。"传统认为，语言是一个'语言的'语言学概念。它很少关心'适合性'这一概念，也不考虑语言行为对不同社会环境的反映方式。而现代语言教学的一个很大优点是，它较多地从社会的角度来对待语言，并且重视语言在不同社会环境中的交际功能问题。"交际都是在具体的情境中进行的。离开了特定的情境，没有对象，没有条件的言语很难发生。"言语发送活动，实际上就是作者和说话人不断地适应语境，生成言语的过程。言语接受活动，实际上就是读者和听话人依据言语成品，不断地还原语境，理解语境的过程。因此，语境既是言语交际过程中主要矛盾的焦点，也是言语交际过程中主要矛盾最终获得解决的前提条件。"每一个具体的言语情境都包含着言语的对象、目的和动力三个要素。

　　语文课堂教学中教师应经常给学生提供言语的情境，促进言语活动的开展。其方法有三：一是接通生活的源头活水，把学生置身其中的有价值的生活焦点问题作为言语的话题；二是给学生提供能吸引他们的材料；三是在教材中文章思维的错节冲突处设疑，以疑启思。

　　语文历练终究还要落实到字词上，通过对比、揣摩领会文字运用的妙处。对词语的敏锐感觉是一个人语文水平的重要标志。可以对范文中重点语句反复品味,发掘其深厚意蕴;可以精心选择、锤炼词语来准确地表现自己的思想认识。我国"一字传神""一字生辉"的例子很多。用字之妙,乃心思之巧;手法之高超,乃见识之脱俗。

四、积极打通对话渠道的原则

语文教学应重视学生主体性的构建。所谓主体性,就是具有自由的人格、强烈的自我意识和高度的创造力,就是人所能意识到的潜能被充分地发掘出来。马克思说:"人的主体性,并不是孤立的自然生成的,而是在和他人的相互关系的作用下产生的,是通过认识他人、理解他人来发现自己的。人是社会的存在物,人又是对象存在物。"语言是一种实践的、既为别人存在并仅仅因此也为我自己存在的现实的意识,人是在积极的言语过程中完成自我确证的。

知识来源于主体与客体之间的相互作用,即主体作用于客体的活动。"思想即涵义的诞生,并不是在某一意识内部,而是在两个意识的交汇点上。真知灼见不是在某一个头脑里飘忽而至,而是两个头脑的接触中撞出火花,谁的大脑也不能觊觎独自分泌出思想和真理来。"这里的两个头脑既是两种思想观点,也指两种或多种质类相异的材料,把这些放在一个头脑中才会产生思想。

语文课堂的对话者包括教师、学生与文本。他们共同参与对话,通过自己各自的经验与内涵,展现自己的存在与价值,实现自我与他人的提升与超越。以对话对象为依据,可将对话分为三类:一是"人与文本的对话",包括教师与文本的对话、学生与文本的对话。这是一种意义阐释性对话,是对文本的理解与阐释;是教学中师生对话的前提之一。二是"师生对话",包括学生与教师的对话、学生与学生的对话。这是一种实践性对话,是在人与文本对话和个体经验基础上进行的合作性、建设性的意义生成过程。三是自我对话。这是一种反思性对话,是个体对自身内在经验和外在世界的反思。在反思、咀嚼、回味中,个体认识世界、认识自我从而确认存在,生成意义。在本质上,一切对话都不指向对话本身,也不指向他人或外部世界,而指向对话者自身。

在教师和学生之间的对话中,教师起启发和引导的作用,调动起学生思维的积极性，提供产生思维成果的有关材料和方法、意义的追问和获得是学生的任务。所以教师不能灌输，不能把现成的结论拱手送给学生。

教师和课文及教材编写者的对话，既要深入探求课文和教材中所蕴含的文化价值，更要重视省察获取文化价值思维的路径和方法。这对学生来说是很有教育意义的。

学生和课文及教材编者的对话是课堂对话的主体。和课文的对话实际上是和课文作者的对话，"两个头脑在接触中撞击出火花"。和编者的对话往往是很隐蔽的，表现为一种文化的选择。在这种对话中教师起着重要的作用。学生之间的对话起到一种激发的作用。和师生之间的对话相比，它的导向性功能比较弱，而反思性功能比较强。

课堂上学生的对话要以听、读、说、写四种形式进行。听主要是师生之间、同学之间的对话，读是学生和文本及作者之间的对话，说是学生和听者之间的对话，写是学生和特定对象之间的对话。在这些对话中，学生以生命的积累参与其中，语文活动成为心灵与心灵的交流、生命与生命的对话。我们所期待的学生的主体性便由此逐渐确立。

要进行对话，首先要有吸引学生的话题。设计话题、提供言语情境，是非常重要的。对课文，教师要设法让学生明了它产生的条件，也就是让学生和作者置于同一话语情境之中，学生联系自己的生活积累，才能准确地感受、理解课文，对话也才可以进行。要做到这一点并非简单地介绍作者经历和时代背景所能奏效，而是要揭示出言语情境和言语作品之间的深刻因果关系。生命的参与是对话的必要条件，也是动力的源泉。话语来源于生活，来源于真实新鲜的材料，来源于心灵深处的颤动。对话要特别重视学生的感悟。学生思维的过程是语文教学的重要目标。意义只能由对话者在对话过程中生成。学生作为对话者，一切只有融入他的视野，渗入他的思维活动，意义才能真正生成。意义既不可能被灌输，也不可能被接受。感悟是精神生命在对话中碰撞出来的火花，是学生全身心投入的结果，是与他的"自我"反复对话的结果。对话教学特别注重通过读和写，通过讨论和研究而有所自得。

对话还要求建立起平等的师生关系，营造民主和谐的课堂气氛。教师工作中"最重要的是要把我们的学生看作活生生的人。学习——这并不是把知识从教师的头脑里移到学生的头脑里，而首先是教师跟学生之间的活生生的人的相互关系。"对话要求平等。平等是教师对学生精神生命的尊重和保护。语文教师正是在和学生一道不畏艰难险阻的精神攀登中获得快乐的。我们知道，任何人都是有话可说的，任何人也都有倾诉的愿望，只要有了亲切的对象，有了一个宽松的环境，那么，他心中的所思所想会自然而然地流露出来。

五、潜心激发创造热情的原则

创造力是时代的当务之急，也是一个永恒的话题。一个民族或社会能否打开僵局开发前程，有赖于是否朝着创造的方向迈进。没有创造力的民族或社会将无法面对未来的冲击，亦不足以适应现代世界动荡的局势。教育存在的意义绝不仅仅在于知识的传授，更在于创造力的培养。"人们不断要求教育把所有人类意识的一切创造潜能都解放出来。"

创造能力的核心是思考能力。世界各国的语文教学都将培养学生的思考能力，尤其是创造性思维能力置于突出的位置。重视学生思维能力的培养，这正是全面提高人素质的需要，而创造性思维能力更是一个现代人生存和发展所必需的。爱因斯坦说过："要是没有能独立思考和独立判断的有创造能力的个人，社会的向上发展就不可想象。"语文学科因其自身的特殊性——长于感性思维，想象丰富，感情浓厚——对创造力的培养具有得天独厚的条件。

语文教学主要是培养学生言语创造的能力，或者说是在言语实践活动中发展学生的思维能力。

创造或创造力是"无中生有"的"赋予存在"。这有两种情况，一是"特殊才能的创造，指科学家、发明家、作家、艺术家的创造，其创造成果对人类来说是前所未有的"。另一种是"自我实现的创造"，指在开发人的可能性、自我潜在能力意义上的创造，其创造结果对人类来说或对他人来说可能并不新，但对他自己来说却是前所未有的。学生的创造绝大多数是"自我实现的创造"，而语文学习中的创造往往是两种创造的结合，因为言语是独立的个性化的思维活动，一个人的感悟是不可能跟别人雷同的。比如写作，"所有的写作都是创造性的，所有的写作都包含一种新的表达的'起源、发展、形成'过程，即使你使用的是'旧'思想和第二手材料，你也为它们创造着一种新的而且是惟一的表达方式。你产生了一些完全新的，一些认真的，完全表达出你的性格和才能的东西"。除思考力以外，感情和意志、知识和事实等，也是形成创造力的重要因素。

"教育既有培养创造精神的力量，也有压抑创造精神的力量。教育在这个范围内有它复杂的任务。这些任务有：保持一个人的首创精神和创造力量而不放弃把他放在真实生活中的需要；传递文化而不用现成的模式去压抑他；鼓励他发挥天才、能力和个人的表达方式，而不助长他的个人主义；密切注意每一个人的独特性，而不忽视创造也是一种集体活动。"这些都是我们培养学生创造力时所应该遵守的。

在实施这项原则时，教师起着决定性的作用。一个思维活跃、创造能力强的教师，可以给学生做出表率，可以提供思考的材料和方法，可以营造一个良好的环境，从而点燃学生创造的热情，获得创造的成果。反之，如果教师头脑僵化、思维呆滞、唯书是从，那要想带出有创造力的学生是绝不可能的。

创造力源于生命的活力，即敏锐的感悟能力、深刻的思考能力和流畅的表达能力。所以，要把语文学习真正作为生命的活动来对待。在阅读中，把学生的思维和作者的思维对接、交流、碰撞，产生出属于自己的认识成果，并把它表达出来。对阅读的材料要进行质的分类，通过对比、分析、综合和批判来锻炼思维能力。听和说的活动要经常开展，形式的多样，话题的引人入胜，参与的积极深入，成果的展示和交流，正是孕育创造力的良好途径。作文要真正置身于生活的焦点和思维的旋涡之中，真正处于对话的心理状态，这样的写作过程，就是运用语言的创造过程。

第三节　大学语文课堂教学的艺术

一、语文教学方法的本质及多样性

在高校课堂上，大多数情况下并不是教师将自己的研究成果在课堂上发布，而是将学术精神、创造思维、研究方法等融入教学过程之中，是"生产"和"推销"的合二而一，是前人的知识生成过程的高效率再现，是知识的发现者、传授者和接受者三者的"相遇"，是学生的再创造，是师生智慧的展现。高校课堂不仅是知识的交易所，还应该是知识的产房。它的目标是不仅培养学生的创造能力，还要有学生学习过程中的人格养成和精神升华。课堂教学是在教师与学生结成的情境真实的实践共同体内展开的。教师在教学的过程中组织、带动学生发现知识，解决问题，培养学生创造的能力和勇气。学生也不以接受现成的结论为目标，追求的是自主的发现和创造。在课堂教学的过程中师生主体精神高扬，充分显示出人的创造的本质力量。

语文课程中大量更有价值的隐性知识要靠学习主体的体察、感悟和实践，在自己发现并解决问题的过程中习得而不大可能靠传授获得。语文素养诵读和表达的过程中习得的，是在运用语言解决问题的实践情境中逐步感悟、积累，在反复主动的实践中获得的。这必须依靠学习主体的切身体验，使独立于个体的外在的语文知识转化为个体内在的思维与信念，进而凝聚、升华为人生的能力和智慧。因此，大学语文教学应当具有传承、孕育和养成等多种含义和功能。语文教师要善于设置各种问题情境，把独立于个体经验的静止、先在的语文知识与学生的创造活动结合起来，让学生充分展现和经历其中的思维活动——不仅包括从起点到结果的完整的思维轨迹，还包含价值的期待和精神的指向。这是一个发现、生成和表达的过程。

教师要结合不同专业特点，调整大学语文教学的重点。如在旅游管理专业授课中，大学语文应注重游记文学、历史风物等相关内容的解读，加强口语表达能力训练，为学生从事导游等相关职业服务；在艺术设计专业授课中，大学语文应注重中华传统文化解读，加强学生审美能力培养，为学生从事设计类职业服务；在学前教育专业授课中，大学语文应注重文学作品的鉴赏教学，鼓励学生上台发言交流，甚至让学生自主讲解一篇文章，加强学生鉴赏能力和教学基本功的培养，为学生从事幼儿教育职业服务。

各专业的大学语文教学都应运用启发式和探究式，教学的过程跟学术研究一样，都要经过问题的选择、查找与问题相关的资源、确定解决问题的方案、实施解决方案，并对得到的结果进行分析和反思。知识的教学、实践性的教学和综合学习，虽然各有特点，但性质是一样的，都应当结合情境认识、理解和解决问题，都包含着一种创造因素。即有价值的问题、完整的过程、成果的生成和清晰的表达。这并不是"传授"一个结果，更重要的是"传授"一种过程和方法，生成一种智能。

语文课适应于角色扮演、分组讨论、影视欣赏等教学方法，不断激励学生进行思考和交流沟通能力的训练。教学中注重引入"社会热点问题探讨"和"热点人物讨论"等教学环节，引导学生关心国家、社会和人生，培养学生爱国主义情怀。注重因材施教，鼓励学生撰写调研报告和科研小论文，指导学生参加社会实践，培养学生科学研究的意识、习惯和能力。

还应充分利用现代技术制作教学课件，借助电子邮件、QQ与学生课外交流。课文讲解与人文讲座相结合，系统教学与专题讲座相互促进。在以教材为主系统讲解本课程同时，开设人文讲坛，以专题讲座形式拓宽学生学习途径，从而促进本课程的学习。注重教学内容的拓展及延伸，形成相关的系列课程。教学评价的重心由关注学生对书本知识掌握得熟练和牢固程度向灵活地运用知识、掌握基本的学习方法、培养创新意识和实践能力转移。建立单项评价和综合评价相结合，形成性评价和结果性评价相结合，教师评价和学生的自主评价相结合的教学评价体系。

二、语文教育的艺术在于设计过程，寻找方法

过程和方法不仅是实现目标的途径，还直接决定着目标的质量。语文教育在本质上是学生自我建构的过程，语文教育的艺术就是调动起学生的能动性，推进建构的进程。这个过程要经由学生的感悟和想象、思考和表达。所以教师首先要提供感悟的对象，然后是刺激想象的起飞，再次是启发思考，最后是推动表达。学生感悟认知对象，想象、思考和表达对象，都有一个角度、方向和路线的问题，这就是方法要解决的问题，就是主体以什么样的姿态和客体以及其他主体建立起深刻而又广泛的联系。

知识只有在由具体的方法组成的过程中才能转化为信息和能力，信息和能力只有在运用的过程中才能形成智慧。情感、态度和价值观，是从主体内部生长起来的，外部的输入只有经过主体的内化跟主体的生命融为一体才有意义，内化也是在过程中发生和完成的。如果离开了这样的过程，所谓的知识、情感和价值，只不过是没有生命力的漂亮碎片，是抓来别人的一张皮披在自己身上的一种伪饰。

语文教育方法的本质是思维的方式，思维的方式决定于事物发展的规律。所以，正确的方法是认识事物、实现目标的前提。夸美纽斯把它叫作"秩序"，他说："秩序是把一切事物教给一切人们的教学原则的主导原则。"那么，语文教育的秩序或者正确的方法是怎样的呢？夸美纽斯认为：要"先预备材料，再给它形状"。

语文教育要"从小心地选择材料开始"。选择的材料应当适合学习者的心理特征。"学生不应当受到不适合他们年龄、理解力与现状材料的过分压迫，否则他们便会在和影子搏斗上耗掉他们的时间。"在语文教育中，有价值的材料是重要的。语言不会凭空产生，也不能无所依傍地凭空运转。为学生选择有趣、有用的合适材料是语文教育的第一步。

材料的来源有两个：一是自己亲自去认识事物，二是阅读优秀的语言作品。一方面，认识事物对语文学习极其重要。"语文的学习，尤其是在青年时代，应当和事物的学习联系起来，使我们对于客观世界的认识和对语文的认识，即

我们对事实的知识和我们表达事实的能力得以同步前进。""悟性应该先在事物方面得到教导，然后再教它用语文去把它们表达出来。"对事物的知识是语文表达的内容，语言的运用只不过是一种形式；离开了内容，形式将不复存在；而且学生在认识事物的过程中可以提高智力，变得聪慧、敏锐。事物不仅是指自然界的存在，还包括事件、各种社会现象以及人自身。另一方面，"一切语文都不要从文法去学习，要从合适的作家去学习"。"文法只能供给形式，即关于字的组成、次序和结合的法则"。学生是学习运用语言而不是研究语言，"完整细微的语文知识是很不必要的"，"没有一个人单靠规则精通任何语言"。文法、规则是抽象、枯燥和消极的，学习语文，应多读优秀作家合适的作品，反复揣摩，学习运用。"通过实践，即使没有教诲，精通也是可能的。"优秀的作品就是运用语言的榜样，榜样的作用远远胜过教诲。而且作品中的认识、思想、感情都具有多方面的启迪和推动作用，它是鲜活的、富有生机的。

所以，识字应当和认识事物结合起来，"阅读写作的练习永远应当结合在一道，学生可以在他们学习的教材上面去运用他们的能力"，至于说话，"谁也不许谈论他所不懂的任何事物，他也不可在领悟事物的时候不能同时用文字去表达他的知识"。认识、理解和表达应该是一体化的。任何一个语文教育活动都要产生出一个结果来。语文教育具有广泛而深刻的综合性。

语文教育的过程是体验、理解和应用。存在是过程性的存在。如果没有过程，一切事物的存在都是不可思议的。语文教育尤其重视教育的过程。方法只有在过程中才能运用，语文教育的目标也只有在过程中才能实现，或者说，方法和目标都成了教育过程的重要因素。夸美纽斯对语文教育过程提出了不少卓越的主张，比较重要的是他对教育过程三阶段的描述，即体验、理解和运用。

体验就是以身体之，以心验之。体验是人获取知识、产生情感、形成思想的门户。对语文学科来说，"一切知识都是从感官的知觉开始的。""存在心里面的事情没有不先存在感觉里面的，所以心智所用的一切思维材料全是从感觉得来的。""感官可以比作密使与间谍，灵魂得了它们的帮助就可以支配身外的万物。""任何知识都不应该根据书本去教，而应该指证给感官和心智，得到实际指征。"所以，语文教育必须调动起学生的全部感官，用眼睛观察，用耳朵倾听，用舌头品尝，用鼻子嗅，用手触摸，用整个肉身来感受、来体验，这样，事物便和生命融为一体了。就是那一行行的文字也都成了鼻息撩人、光彩闪烁、温情流动的有生命的存在。文字以及事物通过学生的体验，经由联想，才可以进入人的灵魂并在灵魂里面升腾飞翔。如果关闭了体验之门，文字、事物便成了与人心隔绝的东西，语文教育的通道也就被截断了。

体验是理解的前提，理解是体验的深化，是从感性走向理性的关键环节。理解包括三个要素：一是接触实际，明了真实的存在；二是把握事物的本性，从事物的原因去解释事物；三是寻找事物之间的联系，促进运用。要获得对事物的真正理解，就要开启悟性、独立思考。语文教育不仅要鼓励、引导学生用他们自己的眼睛去看，用自己的耳朵去听，更要鼓励、引导学生用自己的脑筋去想，进而得出自己的结论。这样才能使自己成为一个不糊涂的人。人一旦不糊涂了，说话、写文章才可能明白起来。所以，"人类这个理性的动物不要由别人的心智去领导，要由他自己的心智去领导。"学生"不单只阅读别人的见解，把握它们的意义，或把它们记在记忆里面，再把它们背诵出来而已"，还要"亲自探求万事的根源，获得一种真能了解、真能利用所学的事物的习惯"。了解了事物，弄清了事物的根源，形成了自己的真知灼见，那么，语文学习也才具有了生命，拥有了魂灵。

运用可以帮助理解，运用可以培养技能，运用是一切教育的最终目的。运用就要把知识转化成自己所理解了的东西，运用总是在和实际接触过程中的运用。运用的动力是主体的思考力，运用总是要形成自己的意见。我们所应追求的不是虚幻的、捉摸不定的、各个不同作家的意见，而是关于事物的真正性质的知识，因此，我们切不可让别人的见解把我们引入歧途，切不可用别人的眼睛来取代自己的眼睛，用别人的头脑来取代自己的头脑。为了得到有用的知识，我们必须研究事物本身，发出我们自己的声音。这样，对学生来说，在语文学习的过程中不仅形成了语文材料，而且也形成了"我们自己"。

第四节 现代语文传媒的使用

现代传媒中用来储存教学信息的载体，一般称作软件。用来传递教学信息的教学设备，一般称作硬件。各种传媒的功能不同，有着不同的适应性和局限性。因此，教师作为语文信息的传播者，在使用时应根据教学目标和教学内容，去选择、组合、运用传媒。硬件方面要学会操作；软件方面要会组合、修改现有的软件，并且会设计和编制新的软件。

现代高科技传媒要和传统的语文传媒结合使用，特别是要和语言传媒结合起来，各种传媒优势互补，以提高语文信息传递的效率，推动学生语文素养的发展。

一、现代语文传媒使用的原则

优化选择组合的原则。每一种传媒都具有不同的特征、功能和优势，同时也具有不可避免的局限性。而语文教育又信息繁杂、目标不一，人脑处理信息的方式就更不相同。因此，不可能存在一种适合所有语文信息和所有学生的万能传媒。这就需要优化选择和组合。其要求是：传媒的特征和语文学习的心理过程相适应；传媒的优势与语文信息的特性相适应；多种传媒的优势功能互补。

力避"无言化现象"的原则。现代语文传媒借助高科技的声光设备，在把语文信息具象化方面确实具备无与伦比的优越性。但是，它在诉诸学生的感官，满足于官能需要之后，容易出现"无言化现象"。所谓"无言化现象"，就是思维停留在官能感觉的阶段，特别是言语活动仅仅局限于内部语言的朦胧、混沌的状态，没有清晰、条理的外部言语成果。长期无言化现象必将造成语文教学的肤浅和庸俗。语文教学的目标不是表面的热闹所能实现的。现代语文传媒使用的目的，是帮助学生把语文信息经验化，对于中高年级的学生来说，则要从具象化的感悟发展到抽象化的理解。也就是说，语文教学的中心是语言，教学过程离不开语言的运用，最终要生成言语成果。在语文学科中，学生的各种素养都是教师引导学生在言语实践中实现的。

坚持"知""行"合一的原则。语文的"知"，就是对语文信息的感受、体验和理解；语文的"行"，就是言语的实践活动，具体表现为听、说、读、写四种活动。"知"是基础，是条件，"行"是结果，是目的。现代语文传媒就是在知和行之间发挥它的作用的。多媒体帮助启发、丰富了学生的"知"，还要及时把它转化为语言的"行"。在语文学习的知行转化过程中，教师的作用是非常必要的，教师要引导、促进，要把握好时机。言语成果的生产是重要的，生产的过程具有多方面的发展功能。我们决不能把运用现代语文传媒的教学混同于一般的影视娱乐。

"无言化现象"必然导致"知"和"行"的分离，要克服"无言化现象"的发生，就需要把"知"和"行"结合起来，由"知"而致"行"。

二、现代语文传媒的使用

现代教学媒体在语文学科中的运用要因文而异、因人而异。这里介绍的几种使用方法，有的可能已经比较成熟，有的可能代表着未来的方向，介绍的目的在于启发教学中运用的思路，以创造出更适合语文教育需要的新方法。

播放教学。播放教学是教师以现代教学媒体播放的方式向学生传递语文教学信息，学生通过视听的方式获取信息。可分为远距离播放教学和课堂播放教学两大类。这里仅介绍课堂播放教学。

课堂播放教学，是在语文课堂教学中，教师借助播放媒体，向学生呈现教学信息的方法。课堂播放教学的教学信息，一般来源于教学媒体已储存的教学信息。运用这种方法，师生间能及时地进行信息交流。

课堂播放教学具体的运用方法主要有：

（2）提示法。在演播前和学生视听过程中，教师给以必要的指导。如利用幻灯、投影、电视等现代教学媒体，向学生提供视、听觉形象时，告诉学生看什么、听什么、注意什么问题，以及要达到什么目的。演播中，还要根据画面的内容指导学生观察。通过指导，使学生了解画面各部分之间、画面与画面之间的内在联系，从而完整地把握对象，全面深刻地理解学习内容。

（2）解说法。在演播没有配音的材料时，辅之以讲解和说明。在采用无声的幻灯、投影、电影、电视教材进行教学时，必须边演播边解说，解说与演播的画面密切配合，解说要准确简明精练、通俗易懂、生动形象。解说可以补充形象资料中不能清楚说明的部分，还可以对图像进行抽象的概括。对一些有声的媒体教材，在播放过程中，有时也需进行必要的说明或讲解。教师的适当讲解和说明，有利于突出教学的重点和难点，使教学内容更加条理化、系统化。

（3）情境法。借助现代教学媒体，再现教学内容所需要的情景，使学生如临其境，感同身受。模拟现实系统更能使学生有机地融入其中，产生"真实"的体验，并与虚拟的对象进行交互作用，实现实时反映。情景法的优点是突破了时空局限，把一切因条件所限不能直接搬进教室的实景，通过现代教学媒体虚拟、移植到课堂内供学生感知，从而使学生的知识和感情与一定的情景紧密地联系在一起，给学生以真实感，激发学生的想象力。

（4）辅助读写法。这是借助现代教学媒体，辅助阅读或写作教学的一种方法，应用十分广泛。比如阅读、写作，搜集材料、完成主题的研究，编辑、发送等。

（5）探究性教学。利用多媒体进行探究性教学的可能性：由于现代多媒体技术形成了一种全新的图文并茂、丰富多彩的人机交互系统，它能有效地激发学生的探究兴趣，使之产生强烈的学习欲望，从而形成学习动机。运用多媒体辅助，信息的组织大多采用超文本结构，它是一种更符合联想记忆特点的非线性网状结构，没有固定的顺序，也不要求学生按照一定的顺序来提取信息。他们可以根据自己的兴趣爱好、知识经验、学习任务等选择学习路径，甚至连教学模式也可以由自己选择。多媒体为学习者提供文本、图形、图像、动画、影像和声音等多种信息的综合刺激，很方便地提供学生所需要的学习情境、材料，学生一旦进入虚拟但逼真的环境中，就不再是被动的接受者，而是主动的探求者，是"发现者"，从而能充分发挥创造性、想象力，培养独立观察、分析和解决问题的能力。探究的实施过程一般为：提出和设计目标；引导探究、提出假设；分析论证，检验假设；总结提高，应用迁移。

（6）建构性学习。建构性学习是建立在建构主义学习理论基础之上的学习策略，更能体现计算机的交互特性与语文教学的对话特征。建构性学习包括情景、协作、对话和意义建构四个要素。

情景：创设真实情景，是设计建构式学习最重要内容之一。多媒体技术正好是创设真实情景的有效工具。

协作：协作对学习资料的搜集与分析、假设的提出与验证、学习成果的评价直至意义的最终建构均有重要作用。多媒体为学生与众多的信息主体的协作提供了可能和方便。

对话：对话是协作过程中不可缺少的环节。参与学习者必须通过对话商讨如何完成规定的学习计划，也唯有通过对话获得意义；过程就是对话的过程，对话的过程也是协作学习的过程，在此过程中，每个学习者的思维成果为整个学习群体所共享。对话是达到意义建构的重要手段之一。多媒体的人机、人人的沟通，为广泛、深入的对话提供了及时、便捷和宽畅的通道。

意义建构：这是整个学习过程的最终目标。在学习过程中建构意义应是要对当前的学习对象达到广泛或深刻的理解。这种理解在大脑中的长期存储形式就是前面提到的"图式"。建构意义是我们选择、使用多媒体的唯一理由和目的，也是多媒体所具备的重要功能。

第五节　大学语文课堂教学评价

大学语文课堂评价标准应体现大学语文课程本身的特点，语文课堂评价的核心内容应是语文的。语文学科是所有学科中比较特殊的学科，大学语文课程又是这一学科比较特殊的一个阶段。大学语文课堂教学评价应充分考虑这一学科在这一阶段的特点，突出个性，制定出更加适合本课程特点的课堂评价标准。评价的根本标准是看课堂教学能不能提升学生的人文精神，发展学生的语文能力。课程教师介绍一些学科前沿理论、对文本做多元化解读时的方法如何评价，要看这些方法能否扩展学生的文化视野，激发学生的思维。语文课堂上要不要放相关电影、电视、文化专题片视频？这要看这种方式能不能发展学生的语文能力。大学语文的本质是通过言语认识世界，熟练地运用语言表达自己对世界的认识。所以，思想认识水平和言语活动效率是评价一切语文课堂教学的最高的标尺。

一、大学语文课堂教学评价的内容

大学语文教学评价的内容极为复杂，就像它的学科定位一样存在许多分歧，不同的语文教学理念看重的教学内容并不一致。但是，以下几个方面的内容大约是能够取得共识的。

（1）教学思想。努力发挥学生主体作用，积极引导学生主动探究，重视学生的思想提升和能力培养，致力于全面提高学生的语文素养。

（2）教学目标。目标具体、明确，能够面向全体学生，符合大学语文课程标准的要求，注重语文的应用与拓展。

（3）教学内容。能够体现大学语文学科的本质，在言语历练中把语文的功能和学生的发展紧密结合起来。

（4）教学过程。教学思路清晰，层次分明，注重语文的思考与领悟；课堂气氛活跃，体现学生的主体地位；教学组织灵活有效。

（5）教学方法。运用启发式，注重引导学生体验和探索；因材施教，符合学生的认知规律和心理特点。

（6）教师素质。语言生动形象，清晰典雅；思想犀利，富有激情，对言语有敏锐的感受与鉴赏能力。

二、大学语文课堂教学评价的标准

任何教学的真正有意义的评价标准只有一个，那就是学生的学习效果。教学的评价似乎不大讲究动机与效果的统一。学生是教师的镜子，社会对教师的评价不是看"真实"的你而是看镜子里的你。从学生学的过程及效果来衡量一个教师的教学水准往往是准确的。在语文学习中，通常是从以下几个方面来考察学生的：

（1）学生参与的程度高。积极自信，主动投入，善于倾听，乐于表达。

（2）学习过程中的创造性强。善于思考，勇于质疑，掌握语文学习的方法，能够独立思考。

（3）学生学习的效果明显。课堂读写兴趣浓厚，能够快速形成读写作品，语文能力得到提高。

三、大学语文课堂教学评价的主体

大学语文课堂评价的主体跟其他学科的评价一样具有多元化的特点，学校教学管理人员、语文教育专家、同行和学生，甚至社会业界成功人士，都可以做大学语文课堂教学的评价者，他们都能从自己的职业或者语文学科的角度对教学效果做出自己的评价。他们评价的侧重点和结论虽然会有很多差异，但对语文教学的管理和反思都会有促进作用。最全面最理想的评价主体应是这几类评价者的优化组合。只有"教、学、管"几方面共同参与的教学评价，才能使教师更深切地体验到教学中的成败得失，才能使他们自觉地进行自我调节并做出主动的努力，不断改进教学工作，实现课堂教学评价的最终目的。目前大学只采用学生或者其他一方的评价意见来衡量课堂教学效果的做法是偏颇的，这样的评价往往不被教师接受。

四、大学语文课堂教学评价的基本原则

发展性原则。大学语文课堂评价的作用在于语文教学，而不是区分学生的优劣和简单地判断答案的对错。语文课堂评价要促进学生发展，促进教师的发展，不能只对学生的学习情况、教师教的情况做简单的好坏之分，在于强调其形成性作用，注重发展功能。一次评价不仅是对一段活动的总结，更是下一段活动的起点、向导和动力。

学生中心原则。评价的主体和对象应是学生。所有评价活动的宗旨在于促进学生进一步有效学习的进行，避免没有方向和低质量的评价。

评导相结合的原则。课堂教学评价的目的是改进课堂教学，提高课堂教学效益。因此，评价要和指导相结合，把评价的结果上升到理论高度来认识，从评价对象的实际出发，提出改进意见和努力方向。评价要注意因人而异、因课而异。

性量相结合的原则。由于课堂教学质量牵涉的问题较多，且许多问题难以量化，因此，课堂教学评价一般以抓住评价的主要指标进行定性评价为主。但如果在评价过程中适当结合定量分析，则更有利于提高评价的准确性和说服力。比如师生活动时间的统计，学生发言、质疑次数的统计，学生朗读、默读次数、时间的统计等，对分析教师的教育教学观念和对语文学科教学特点的把握等都有重要的参考价值。所以，课堂教学评价应以定性评价为主，定性和定量相结合。

五、大学语文课堂教学评价的方法

对教师教学评价可以运用调查表或评价量表，并结合概括性问题，采用课堂观察和师生调查相结合的方法对课堂教学进行评价。课堂观察法是课堂教学评价中最常用、最基本的方法。评价人员在上课前进入教室，在整个教学过程中，对教师的教和学生的学进行有重点的观察、记录，课后进行分析，提出指导意见，指出可供选择的改进做法等。在评价过程中，一般采用记录表的方式对要重点评价的方面，如教学目标、教学设计、教学方法和手段、教学效率、学生参与情况等进行记录，然后分析、阐述这节课的得失。

调查法包括教师访谈和学生座谈。教师访谈和学生座谈，即用概括性的问题对课堂观察进行补充。在对教师访谈开始之前应把访谈提纲发给任课教师，并且向教师说明访谈的目的。提纲可以起到提示的作用，使访谈紧扣主题；也可以让教师对访谈的主题有大致的了解，使教师有心理准备。问卷调查可以采用调查表和概括性问题相结合的方式进行，由教师本人、学生等根据他们对课堂教学过程和效果的主观印象来填写和回答。调查表用来调查常规性问题，而概括性问题反映的内容则较为抽象概括。教师自评的内容可以包括：基本教学能力，教学过程中的创新，对教学内容的熟悉程度，是否注重学法培养，课堂气氛，学生参与的积极性等；学生问卷的内容可以包括对自己掌握情况的反馈，对教师行为的评价，对教师行为的建议等。问卷调查一般在课堂教学结束后进行。这就需要评价者全面了解教师的情况，做出准确的判断。

学生是语文学习的主人，评价语文教师的信息资料在很大程度上来源于学生。对学生的评价是语文教学评价体系的核心。对学生语文学习评价的基本方法应该是正确的观察和科学的推断，其次才是以各种考试、考查出现的测验法以及师生共用的调查法。测验法是借助预先设计的试题、作业或特定情景，通过评价对象的言语和非言语反应行为的间接推断而获得量化的评价资料的方法。测验法可分为试题测验和情景测验两大类。试题测验是以试题、论题、作业和课题的方式来进行，情景测试则是通过创设特定的生活场景，借助学生在该场景下的行为反应而进行。

六、大学语文课堂评价要注意的几个问题

鉴于大学语文课堂教学评价的复杂性，有必要再对一些问题进一步申明。

第一，评价态度的整体观。每一堂课都是由多种教学元素组成的运动过程，是一个不可分割也不能独立观察、测评的有机体。针对整个课堂的元素，教学目标类似文章的中心，教学内容和教学过程类似文章的段落和层次，教学内容的安排和教学过程的推进是否围绕教学目标展开就类似文章的段落和层次是否围绕文章的中心展开。教学方法类似文章的表现手法，教学语言类似文章的语言表达，二者的作用类似表现手法和行文语言对文章中心的作用，是否很好地表达了要表达的内容，是否引起了学生学习阅读的浓厚兴趣等。板书和多媒体的作用则类似文章的摘记和插图，是教学的辅助手段，始终不能喧宾夺主。评价者若能做到这种整体类比，就会在很短的时间内从整体上把握一堂课的优劣，而不至于进入评价细化标准而走不出来。"在大学语文课堂评价量化表实施过程中，除了需要具有课堂整体评价思想外，还必须关注教学流程中教与学的质性体现，在定量的同时重视定性。"

第二，评价内容的个性化。语文是一门具有综合性和实践性的文化课，它

的两个核心要素是人文性和工具性，而且这两个要素是在言语活动中统一起来的。评价内容的个性化就是要紧紧抓住语文学科的这个根本特征，看大学语文课堂是否担负起学生精神成长指引者的重任，使学生在大学语文课堂上实现了其精神成长的飞跃；看教师是否注重向学生传达一种学习的方法和学习的态度：广涉博览，注重实证，看学生是否在研究的过程中掌握探索的方法，养成用于探索的科学精神；看大学语文课堂是否承担起传播人类文化精髓的任务。

第三，评价指标的具体化。评价指标的具体有利于对教师教学行为的督导，从而实现教学评价的价值而不是流于一种定性的工具。大学语文教学的内容广博，不同的内容性质不同，诗歌的欣赏和实用文体的写作，教学内容的组织和教学手法的选用有很大差别。即使同是阅读教学，叙事文本和抒情文本的教学目标也并不相同，传授一种知识和训练一种方法的教学途径差异更大。讲诗歌就要有诗情画意，讲小说就要讲究情节的起伏，要剖析人物的性格、抓住人物的命运。所以，大学语文课堂教学的评价不能简单化和笼统化。

第四，评价方式的动态化。对一位教师的大学语文课堂评价应当是个动态的过程，不能以一堂课的表现论英雄。这是对教师应有的负责态度。动态化包括三个方面的内容：一是在不同的时段观察课堂教学，看教师教学水平的变化，全面考察教师的教学态度和教学水平；二是以不同的方式测评学生的学习效果，看学生语文学习兴趣和学习成绩的变化；三是对教师不同教学内容和采用不同教学方法的考察，看教师学养和教法的长处与不足。

第七章　创造性开展大学语文实践活动

第一节　大学语文实践活动的意义

一、语文与生活的关系

（一）语文起源于生活

文学主要来源于人们的生产劳动，最初的文学作品是在人的劳动过程中产生的，语文起源于生活体现在以下几个方面：一是劳动行为是语文知识产生的前提，人类在不断发展中，逐渐使用工具进行交流沟通，并创造出语言系统和文字系统，将劳动与语文分开，将阻碍语文活动的发生；二是劳动行为满足了语文活动需求，最初的文学活动便是为了协同劳动进行创作的；三是劳动是早期文学创作主要参考内容，包括《吴越春秋》中《弹歌》等文学艺术作品，都是围绕劳动活动创作的。因此，可以说语文来源于生活，与实际生活间存在紧密联系。

（二）生活影响语文发展

语文发展动力主要为生活发展需求。随着人类生活形式的改变，人们对精神文化提供了更多需求，这种情况下，促使语文内容和形式朝着多样化方向发展，体现出生活需求在语文发展上的促进作用。早期文学作品普遍以诗的形式存在，内容相对单一。而随着时代发展，诗句表达内容更加丰富，但是由于受到诗歌形式限制，又产生其他多种类型的文字样式，包括小说、散文、戏剧等；

随着信息时代的到来，新型交流媒体得到了广泛运用，提高了信息交流效率，简化了信息交流过程。时代的发展，一定程度扩展了人们的视野，要求人们运用创新性思维和开放心态来为语文发展注入活力。为了满足语文发展要求，需要新时代下人们具备更高的文字选择和运用能力，即表明生活发展可推动语文发展。例如，人类在不断发展中形成了多种文化，如涂鸦文化、声乐文化等，这些文化的产生离不开实际生活，而随着文化内容的不断丰富，再次为语文发展提供了有利条件。

（三）语文使生活更加美好

在对语文和生活间关系进行分析时，要注意的是，语文活动的开展能促使生活更美好。语文来源于生活，但是又超越生活，大多优质文章都是对实际生活的超越，代表了作者思想，作者将对生活的期许借助文字形式传达出来。这类文章不仅有利于学生对写作技巧的掌握，同时能给人们生活希望。在欣赏语文作品时，应该从文章本质出发，感受其传达的美好意愿，以便提升人们心灵境界，以超越的态度对待作品，通过语文知识的学习，促使读者自觉追求乐观向上的生活，为读者提供审美体验。例如，在学习诗歌等教学内容时，可鼓励学生结合实际内容想象出一定情境，为学生营造轻松愉悦的学习氛围，不仅有利于学生对知识的掌握，还能促进学生树立正确的三观，对他们的生活态度产生积极影响，使得他们能对现实生活有较大热情。

二、在大学语文实践活动中培养学生的语言交际能力

（一）加强普通话练习

普通话是现代汉语的标准语，是以北京语音为标准音，以北方话为基础方言，以典型规范的现代白话文著作为语法规范的汉民族共同语。它是文字改革的一个重要的组成部分。1955 年，现代汉语规范问题学术会议规定：普通话是现代汉语的标准语。如果我们大家都学普通话，用普通话与大家交流，彼此间建立了深厚的友谊，那么普通话就是我们友谊的桥梁。普通话是人类生活中必不可少的东西。如果你到外地去，大家对你说的都是方言，你一句也听不懂，

但是你讲普通话就便于沟通，用它来解决沟通上的问题是再好不过的了。普通话还是一种对长辈很尊敬的语言，因为它响亮易懂、悦耳动听，使长辈听了很愉悦。在语文实践活动开展过程中，普通话有利于提高学生语言交际能力。教学大纲要求，学生要注重普通话的练习，以便获得较好的交际能力，需要在把握语音标准的基础上，确保学生具备较高的普通话水平。加大对大学生普通话水平的训练可看作是提高他们交际能力的重要途径。大学生可塑性较强，可在训练实践下，丰富词汇量并增强语感。实际进行普通话训练时，可着重从韵母、语调、声调等方面着手，安排一定课时集中进行普通话训练。掌握声母和韵母是提高学生发音准确性的基础，可根据学生发音特点，有针对性地加强训练内容，以便在保证学生具备较高普通话水平的情况下，确保学生语言交际行为的良好开展，对学生未来发展有重要意义。

（二）通过朗读训练表达能力

朗读指的是将视觉感官接收到的语言信息，转化为有声语言的创造活动。朗读需要朗读者根据特定的语言材料，借助语言的媒介作用，将文章核心思想准确地展现出来，通常将朗读看作是创造文学作品形象的一类活动。在实际语言教学实践中，采用朗读这一教学手段，能起到传授知识、锻炼技能以及提升能力的作用。对于朗读者而言，需要在开展朗读活动的基础上，深入探索文章含义和韵味等。在朗读过程中，学生可想象作者创作时的感情和心境，再次利用自己的语言将作者思想情怀以及语言信息等传达出来。例如，对于《从百草园到三味书屋》这一散文来讲，其中有："先生自己也念书，后来我们的声音静下来了，只有先生在大声朗读着：铁如意，指挥倜傥，一座皆惊……每当读到这里，先生总是微笑起来，将头仰起并摇着，向后拗过去。"文章中对先生神态的描写，明显体现出先生陶醉在自己的朗读情怀中。通过朗读文章能在一定程度上培养学生审美情趣，并有利于提高他们的写作能力及鉴赏能力，对学生语文学习能力的整体提升有促进作用。反复的朗读，能够将人的注意力集中到文本内容，感受、理解文本意境和思想。并且，在朗读过程中，要求学生能根据文章情感特点，合理控制语调和语速，在上述训练的开展下，能帮助学生养成较好的语言习惯；同时可在朗读实践中，加大对学生表达能力以及理解能力的培养，在上述能力全面提高的情况下，可保证学生具有较强的语言交际能力。

（三）语感能力的训练

语感能力的训练同样对提高学生口语交际能力有重要意义，应在合理设定并落实语感能力训练的基础上，促进学生相关能力的发展。语感指的是人们对文字的敏感程度和直觉程度，不同个体的语感能力有所差异。对于语感能力较强的人来讲，能在听懂一段话的同时，快速掌握其中蕴含的情感。语感不仅能起到加深人们对文字理解的作用，还能保证人们充分表达自己的情感，写作实践中需要充分利用这一能力，以便丰富文章中的情感内涵。语感能力一定程度上决定着学生的交际能力，对于语感较好的学生来讲，能做到说话内容的准确表达。而语文教学活动的开展，对学生语感能力的提升有积极促进作用，因此，可通过大力开展语文教学活动来促进学生语感能力和交际能力的增强。

三、在大学语文活动中培养学生的创新品质

（一）引导学生从观察中发现

在大学语文实践活动开展过程中，有助于锻炼学生的创新思维。大学语文实践活动能为学生提供广阔的观察空间，引导学生在实际观察中发现创作源泉，进而在整合各类信息的基础上，提高学生创造能力。因此，为了发挥大学语文实践活动在培养学生创新品质上的积极作用，教师应有意识地引领学生观察生活，真正发现生活与语言间的联系，并在生活实践中增加见识，提高语文学习兴趣。例如，实际语文教学过程中，教师根据教学内容，组织学生参加户外活动，并要求学生将观察到的事物记录下来，养成学生自主观察的习惯，以便为之后写作实践活动的开展奠定基础。语文来源于生活，高质量的创作文章离不开对生活素材的收集与整理，只有在保证全面收集生活信息的基础上，才能确保文章体现出较高现实性，能实现广泛传播。因此，在培养学生观察能力时，有必要注重观察活动的定期组织，并在活动实践不断推移的条件下，提高学生的观

察能力及创新实力。

（二）引导学生在想象中感悟

要想提高学生创新能力，还应注重引导学生在大学语文实践活动中充分利用想象力，根据生活中的语文知识，营造出相应的场景和语境，以便做到对知识的深刻掌握。如大学语文课堂上可开展不限制主题的写作活动，学生根据自身喜好确定写作主题，并在基于已有语文知识的条件下，发挥自身想象力，从而丰富文章内容。在大学语文实践活动中运用想象力，能有效实现学生对语文知识的深入感悟，以免限制学生语文能力的全面发展。同时，想象力在写作过程中的运用，是提高学生创造能力的重要途径，需要学生在营造想象情境的情况下，从多个角度出发学习语文知识。为了保证学生想象力在大学语文实践活动中的有效运用，要求教师能尊重学生个性特点，保证大学语文实践活动在和谐的氛围下高效开展，对提高学生创新能力有一定帮助。

（三）引导学生向课外延伸

语文教学课堂中获取的知识有限，考虑到语文知识的学习受到社会环境和自然环境的影响，因此，需要注重语文知识向课外延伸，将语文知识与社会生活联系起来，能进一步完善学生语文知识体系，挖掘实际生活中的语言元素，从而起到丰富语文教学内容的作用。例如，在组织学生参与到大学语文实践活动中时，教师可以引导学生树立知识不断扩张的意识，重点关注课内外联系以及学科间的融合等，促使学生做到从多个角度出发，运用其创造性思维来思考问题，能保证其对问题理解得更加透彻，并能实现语文知识的灵活运用。语文教学主要教学任务之一便是加大对学生创造能力的培养，以便将学生创新性格培养成珍贵的思维品质，为学生语文知识学习提供保障。

第二节 大学语文实践活动的原则

一、独创性原则

为了充分发挥大学语文实践活动在促进学生语文能力提升上的帮助作用，则需要明确实践活动的开展原则，从而为实践活动的有序进行提供保障。其中独创性原则是进行大学语文实践活动时需要充分落实的原则，指的是确保实践活动内容的创新性和时效性，能帮助学生掌握充足的语文知识，促进学生语文能力结构体系的完善发展。大学语文实践活动的高效开展需要同时发挥师生双方在实践活动中的创造性及主动性，以便提高师生在活动中的参与度。大学语文实践活动的开展需要突出学生主体地位，要求教师能发挥其组织和引导作用，为学生提供适宜的活动内容，并引导学生将创新思维运用到活动开展过程中。要想保证独创性原则真正落实在大学语文实践活动设计中，教师要能尽快接收新的教育观念，将新的语文知识渗透到实践活动设计中，为学生提供全面的语文知识，避免照搬原有的活动设计形式，否则，就会导致学生活动参与积极性降低，并无法保证活动内容符合学生发展需求。另外，在实践活动设计及开展过程中，教师应有意识地吸收新知识，以便提高自身综合素养，能在活动开展阶段提供更好的教学指导。另外，实践活动内容创新特点还应通过挖掘教材内容来实现，教师应在以教材内容为主的基础上，准确把握教材内容并创造性地利用教材资源。通过上述做法，能保证实践活动内容设计的合理性，并能在延伸教材内容的情况下，提高实践活动针对性，挖掘学生潜能。为了达到教学活动精心设计的效果，需要在语文实践活动中采取启发式以及讨论式的教学形式，提高学生智力并加强语文教学效果。

在讨论内容制定上，可由教师和学生共同商讨，主要针对教材内容中有研究价值的地方进行细致探讨，从而保证对教材细节知识的有效掌握。大学语文实践活动课程较为重视与社会生活以及学生实际联系起来。学生对已经经历过的事件通常有深刻体会，并希望借助文字载体将其思想表达出来，同时对外部世界有强烈的探索意愿，这就促使语文实践活动设计时运用的素材是取之不竭的，并能通过将新的社会观念结合到主题讨论中，得到更加深刻的研究成果。例如，在以环保为主题开展大学语文实践活动课时，可设计成完整的活动内容，还可针对某一主题进行活动设计。通过收集研究领域对环保这一问题提出的新理论，为语文活动内容的合理设计提供保障，进而丰富学生知识体系，为他们理性思维水平的提高提供帮助。总的来讲，独创性原则在实践活动内容设计上的运用具有重要意义，是提高活动开展效果的关键，并且在独创性原则规范作用下，能整体提高实践活动质量，促使学生参与到语文活动中，实现自身语文能力的发展。

二、综合性原则

大学生语文实践活动要按照一定原则来设计实践内容，以便取得最佳实践效果。实践活动应具有综合性特点，促使学生自觉将语文知识内化为能力，培养学生的语文素养。实践活动关键目的在于扩展语文知识学习和应用的领域，明确语文教学和实际生活的密切联系，以便在多方参与语文教学实践的情况下，实现学生语文素养全面发展。在实践活动的不同环节中，教师要以培养学生多方面能力作为活动开展原则。例如，通过设定相应的教学目标，使学生能在完成学习任务的过程中，提高他们自身的口语交际能力、信息处理能力、合作能力、书面表达能力以及创新能力等，进而促进学生语文素养的提高。如为了保证语文实践活动的设计能起到培养学生多方面能力的作用，则可设计采访环节，鼓励学生通过课后采访及现场采访等，将语文知识运用到实践中，可促使学生明确语文知识学习的重要意义，从而提高学生的自主学习意识。

综合实践活动开展还将帮助学生形成优良的学习习惯。由于已经掌握了实践经验，这时学生会通过自己设计安排、活动实践等，真正获取直观的感受经验和理论知识，在实践中确保知识运用的合理性，并加深学生对语文知识的理解。在上述大学语文实践活动有序开展的条件下，能极大程度调动学生的语文学习兴趣，增强他们将语文知识转变为自身能力的转换技能，从而体现语文教学实际价值。大学语文实践活动主要特点便是将社会生活与语文教学结合起来，可促使学生语文知识获取渠道的多样化发展，进而开阔学生视野，使学生认识到多元文化的学习价值，并能自觉吸收传统优秀文化，达到思想境界的提高。另外，大学语文实践活动能保证语文知识真正运用在实际生活中，并在实践中得以丰富，因此，有必要注重大学语文实践活动的良好开展。通过加大语文教学和社会实践的联系，有助于培养学生实事求是的科学态度，吸引学生参与到实践活动中，为实践活动开展效果的提升奠定基础。

三、艺术性原则

实践性教学内容的设计需要遵循艺术性这一原则，确保大学语文实践活动设计能激发学生参与活动的积极性，并且突出活动内容的艺术感，有助于调动学生问题探索意识和创新意识等，是加强实践性教学质量的根本条件。通常将科学性原则及艺术性原则的辩证统一看作是大学语文实践活动设计的根本特征，其中科学性指的是在进行大学语文实践活动内容设计时，应借助先进教学观念及教学原理的指导作用，保证实践活动内容与语文教学规律以及学生语文能力的发展规律相一致，即确保实践活动具有较强可行性，是实践性教学良好开展的重要保障。而艺术性原则主要是针对实践性教学需求提出的，语文教学设计需要体现艺术性特征，进而为语文教学活动的开展注入活力，在语文实践教学高效进行方面有着较大推动作用。艺术性主要是指在进行语文教学设计过程中，教师应利用创新发展意识，突破传统课堂模式的限制，避免实践性教学活动设计受到教材的制约。例如，教师通常会凭借自己习惯的教学方式，来深入解读作品并组织教学活动，这种做法能保证进行教学活动时，可最大限度呈现教师个人教学魅力，有利于调动学生兴趣，保证学生将自身情感融入教学实践中，促进他们个性的形成以及语文能力发展。艺术性原则能有效增强教学内容趣味性，要求实践活动内容的设计满足学生心理特点，体现出创造性思维，通过为学生提供新的活动形式，可确保教学活动在学生积极配合下顺利进行，真正做到促进学生个性化发展，是实践性教学主要发展趋势。

四、发展性原则

实际设计大学语文实践活动内容时，要注重发展性原则的运用，明确大学语文实践活动的组织在发展学生语文能力上的促进作用。对于大学语文实践活动而言，其本质为变革，组织实践活动的主要目的在于加大对学生语言文字运用技能以及语文素养的培养，从而保证活动内容设计的合理性。发展性原则的提出便是为了充分体现实践性教学在学生发展上的促进作用，需要保证发展性理念贯穿于实践活动设计过程，使得实践活动设计体现出先进性特点，为学生语文能力提高提供基础条件。实际上，语文教学活动和语文知识学习间并不总是促进关系，随着语文教学课堂中听说读写等活动的开展，将促进语文学习过程顺利开展，并保证学生不断积累语文知识。但是随着学习行为的进行，学习者的学习能力和知识获取倾向等将发生变化，这种变化能长期保持。在这种变化情况下，个体对语文教学知识的需求有所改变，要求语文教学知识具有多样化特点，并能逐渐增加知识学习难度。但是实际课堂教学中，大部分教学活动只是在单一水平标准上的重复，这时教学活动的开展与语文知识学习之间不成正比关系。

因此，有必要在设计教学活动内容时，严格按照发展性原则进行设计，从而保证实践活动的开展有助于学生语文能力朝着高层次发展。例如，在鉴赏诗歌时，应在保留朗读这一教学手段的同时，增加新的教学形式，包括以教材文本为主，尽可能多地收集相似诗歌作品，在细致分析多个诗歌作品间相似点的过程中，掌握诗歌相关知识。随着教学实践的推移，还要保证语文教学难度的适当增加，确保大学语文实践活动在难度设定上体现出层次性特点，从而始终保持教学活动在学生语文能力发展上的促进作用，是大学语文实践活动设计遵循发展性原则的重要体现。在明确教学活动设计原则后，要求教师能在实践活动开展阶段指导学生有序进行语文学习，保证实践活动与语文教学紧密联系起来。当实践活动内容以及活动形式的选择都处于学生近段时间的发展区时，则说明活动设计符合学生语文学习特点，进而最大限度地调动学生学习能动性，推动其朝着高认知水平发展。

五、操作性原则

在进行大学语文实践活动设计时，要确保活动设计方案体现出较强的可操作性，从而确保实践活动实施策略的有效落实，为实践活动顺利进行加以保障。语文活动组织的目的在于为学生语文知识的探索和运用提供广阔平台，保证学生通过参与语文活动，来达到自身语文素养的提高。可操作性原则应贯穿于语文活动内容设计整个过程中，需要针对学生个性特点、学习能力以及学习需求等，设置相应的活动内容，确保活动内容的设计涉及学生多种能力的培养，从而实现学生整体语文素养的提升，在实践过程中做到语文知识向能力的转换。因此，教师在组织实践活动前，通常会要求学生针对语文实践活动提出自身看法和建议，以便在收集多方观点的条件下，提高实践活动设计方案在实际语文教学中的适用性，使得活动内容满足学生发展需求。可操作性原则是语文教学固有规律，不能违背。并且在设计实践活动时，还应遵照促进体验、落实教学策略和激发创造性思维的要求来安排活动内容和流程，保证语文理论成果是通过实践得到的，进而增强理论知识可信度，并能保证在实践过程中加深学生的知识掌握程度。

例如，在实际设计语文实践活动时，应在明确活动主题的基础上，适当加大活动表现形式，并且可增加问题研究复杂程度，以便提高语文实践活动开展意义。活动设计效果的实现，还要求在设计实践活动环节严格遵循可行性原则。大学语文实践活动应在充分考虑学生已有生活经验的基础上，结合其实际能力及认知水平等，判断活动内容的可完成性，从已经具有的客观条件以及主观条件等方面出发，具体判断实践活动的设计是否合理，避免由于语文活动内容与实际生活联系不紧密，导致活动效果较差。因此，在进行语文活动设计时，不能将活动完全按照课本还原，还应在此基础上向深层次发展，同时不能将实践活动设计得过于宏大或复杂，导致学生在实践活动中无从实施。从某种程度上看，实践活动体现出较强的可行性，是可操作性原则、目标性原则有效落实在语文实践活动开展上实现的，是增强实践活动效果的根本条件，对提高学生语文知识运用灵活性以及问题分析能力等有重要的促进作用。具体来说，实践活动的可操作性是保证语文教学活动取得预期效果的前提，开展实践活动时，要从主客观等多个条件出发，全面分析实践活动设计难度和复杂程度并做出合理选择，真正体现学生在语文活动中的主体地位，进一步提高实践活动开展质量。

六、愉悦性原则

除了上述原则外，在组织语文实践活动时，还要求遵循愉悦性原则，旨在保证活动开展过程中体现出明显的趣味性和开放性，在轻松的氛围下深入探讨问题本质，并实现探索成果的有效分享。为了确保愉悦性原则在实践活动开展中的有效落实，首先应保证活动表现形式的趣味性和多样性，为学生提供多种活动行为，从而学生可根据自身行为特点和知识需求等，选择适当的实践活动形式，确保学生积极参与到语文实践中，并能在实践环节自觉进行语文知识收集和整合等，从而发挥语文实践活动在培养学生语文素养上的积极作用。例如，在语文实践活动中，可设置调查报告、手抄报、PPT放映等多种表现形式，学生可将自身探索成果通过上述表现形式呈现出来，由于表现形式的多样化，可促使学生在进行活动成果交流时，吸收多种思想，并从多个角度出发进行问题分析。具体来说，成果交流是语文实践活动最后一个环节，活动成果交流深度及广度对语文活动整体开展效果有直接影响，为了确保成果交流在良好环境下进行，则需要在明确语文活动组织原则的基础上，从丰富活动成果表现形式这一角度出发，为成果有效共享提供多种传播载体。

另外，还要保证语文实践活动获得的结论是多样化的，要在保证得到统一正确认识的同时，保留其余多种意见，保证学生能在多种观点相互碰撞后，对客观事物有自己的认识和判断。并且实践活动得出的结论不一定是完整的，也可以保留一块空白，以便为学生之后的问题探讨保留一定空间，使得他们能通过创新思维的运用，获得参考价值较高的活动成果。实践经验表明，学生在掌握一定语文知识后，需要为其提供广阔的展示平台，促使学生能及时将理论知识与生活实践结合起来，并且鼓励学生展示其风采，增强他们的自信心，是保障语文实践活动取得良好开展效果的关键。总的来说，活动成果交流分享体现出的多样性、开放性以及趣味性特点，是语文实践活动取得成功的关键，有利于调动学生学习意识，培养他们的自主学习意识。

第三节　大学语文实践活动的形式

一、文学论坛

文学论坛在大学语文课程实践教学中发挥着十分重要的作用，是保证大学语文课程教学实效性的措施之一，因此必须要充分发挥出文学论坛在大学语文教学中的作用，形成以知识学术类文学论坛为主导，文学艺术类论坛为补充的文学社团形式。同时大学语文教师也要加强对学生文学论坛活动的指导，以此从根本上强化大学语文教学活动的实效性。语文是大学生自身可持续发展的重要组成部分，将文学论坛加入语文教学活动中，不但可以增强语文课堂的实践性，还会增强语文课程的实践性，也能够让学生更好地发挥自己的主观能动性。通过文学论坛的学习，可以有效提升学生的自我认识，培养文学知识、语言修养、美感品质等综合素质，此外，通过文学论坛可以让学生毕业后成为一个全面发展，具有发展潜力的公民。想要实现这一目标，就要改变传统的教学模式，让学生主动参与其中，体验到社会实践。让学生从被动接受知识逐渐转变为主动接受知识，这就必须要借助文学论坛这一平台，展开多样化实践教学活动。文学论坛是提高大学语文教学效果的第二课堂，将文学作品放到文学论坛中，能为学生语文学习提供充足资源。文学论坛的形式多种多样，可采用"请进来、拉出去"的方式，请资深文学专家教授举办文学讲座，与杂志社联合开展专题文学讨论，组织学生参观名胜古迹，开办文学沙龙等。总之，大学语文教学通过各类文学论坛开展相关活动，可以更好地引导学生参加社会实践活动，进而提高学生的道德素质、业务素质、身心素质等，以此全面提升学生的综合能力，让学生更好地理解文学知识，提升文学感受能力。

二、创作笔会

创作笔会也是提升大学语文教学实效性的语文活动。大学语文承担着民族文化传承、人文精神发扬的重要任务，大学生在语文课程中学习大量的精选作品后，就会得到丰富的学习经验，继而积累较为丰厚的文学审美，在实际的语文教学活动中能够拓展综合能力。在实际的语文活动中，学生还要提高观察、反思的能力，才能在课堂结束后，将学习到的语文知识，实际运用到生活中去。因此，创作笔会中学生可以通过多样化的创作活动，更好地应用学到的语文知识。学生在创作笔会中具有很强的自主性、灵活性、趣味性等特点，可以通过创作笔会进行交流切磋，在活动中吸收他人的优点和经验，完善自身不足。而且随着创作笔会的发展，学生可以设计多种不同的创作题材、创作体例，并在实际应用中更好地进行分析，以此实现自己的人生价值。创作笔会本身就是一种实践性较强的活动，通过创作笔会，学生的创作能力、语文能力都会得到全面的调动，从而让自己在实际应用文学知识的过程中，不断提升应用能力。随着信息技术的不断进步，创作笔会也可利用强大的互联网开展线上培训与线下实践相结合的方式进行，放开视野，广泛吸收，多元体验，涵养提升。现阶段，很多教学人员在实际的教学活动中都要求学生多写、多练，创作笔会就是一种锻炼学生创作能力的活动，积极开展创作笔会活动，能够促进学生语文综合素质和综合能力的提升；也可以将其应用到大学语文创新教育中，为教育教学活动的开展奠定良好的基础。

三、体验生活

现阶段，大学语文创新教育活动中，教学实践性、效率性较低，大学语文创新教育之间存在着一定的阻碍。很多高校在提高和拓展大学语文教学创新性上采取了很多手段，比如开设辅助辅修课程等方式。但是在实际应用的过程中，虽然大部分学生得到了锻炼，但是相应的课堂实践创新活动依然较为单一，覆盖面较小，还有实践经费不足等问题。体验生活其实就是一种成本最低，实践性最强的语文活动，而且体验生活具有广泛性，且覆盖性较强，因此大多数学生可以通过体验生活来加强语文创新能力。通过体验生活，学生也可以更好地感受到生活中被忽视的宝藏，继而感受到文人思想中的魅力，在实际的生活中找到语文知识的舞台，打开全新的语文知识大门，也能够在生活中发现传统文化知识，实现创新创业发展。实践证明，有针对性地开展社会调查、专业实践等活动，使学生走出象牙塔，体验不一样的生活，不仅能丰富学生文化知识，而且能锻炼学生思维能力，提升学生认知水平。体验活动可以分为很多种，不同性质的体验活动可以给学生带来不同的语文能力和语文素养，将体验活动融入大学语文活动中，可以锻炼学生的语文逻辑思维能力，提升学生的生活经验；让学生了解到语文知识的魅力，建立起语文学习的知识体系，感受生活中的小智慧，丰富自我修养和人文底蕴；让学生在学习体验生活中，感受到创作的乐趣，从而达到体验生活的实践效果；让学生自愿参加到语文活动中去，提升自身的语文能力。

四、才艺展示

才艺展示是一种培养大学生能力的活动方式，是校园文化建设的重要内容之一。才艺活动可以让大学生施展才华，让大学生的个人特长得到充分展示，进而引导大学生树立正确的价值观、人生观、世界观。大学语文本身就承担着培养大学生文化素质的重要任务，随着学生参与才艺展示活动次数的不断增加，学生的人文性、审美性都会得到提高，而且通过才艺艺术的方式将文学作品表达出来，会让文学语言更加生动形象，也更能感染人、打动人。不仅如此，新时期，学生在参与才艺展示活动的过程中，会逐渐树立起想要效仿的对象，继而在无形之中提升自身的思想高度，养成正确的价值观。因此，必须要充分发挥才艺展示在大学语文教育中的作用，促使大学语文教师走出语文课堂，按照相应的教育教学方式，从人生观、世界观、价值观、道德情感、意志信念等角度出发，帮助大学生策划文艺展示活动，比如话剧、歌剧、情景剧演绎、主持风采等形式，以此加强大学生语文教学的实践性和创新性，让师生在文艺展示活动中共同进步，推动自身能力的不断发展。文艺展示活动可以有效推动学生的人文素养，让学生展示自身才华。通过文艺展示活动，可以让大学语文教育教学活动得到拓展，在全校范围内建立良好的语文学习氛围。

五、经典朗诵

经典朗诵也是提高大学生人文素养，建设校园文化的重要组成部分。作为文学爱好者展示自身能力的舞台，经典文化传播发扬的舞台，经典朗诵活动的存在具有无可替代的作用。组织经典朗诵活动可以让文学青年的文学底蕴得到进一步的积累。这种经典朗诵读书活动也可以引导语文爱好者更加积极地参与其中，帮助大学生提升自身的内涵，从经典文学中探寻人性和审美创新。现代社会中人们对人文精神的追求日益强烈，经典朗诵是人们对经典文学作品的一种全新的阐述。也就是说，在现代社会中，通过经典朗诵的形式，可以在物质解放的同时，更好地发现文学作品中的美，提高大学生的身心素质，进而培养大学生的公民意识，以此更好地弘扬语文文化和语文精神，使学生实现自我价值，提升内在素质。如教师可组织学生以某一艺术作品为主题，自行创作朗诵内容，并在朗诵过程中加深对艺术作品情感的把握。经典朗诵除了可以在校园内活动之外，还可以在校园外、社会中进行，以此对经典文化进行传播，构建出和谐的文化学习氛围，以此为社会和谐发展奠定基础。基于此，大学语文教师要根据教学内容和语文知识理论，对经典朗读活动进行策划，其内容必须是经典的，形式必须是灵活多样的，有利于学生自由思想与独立精神的培养，从而保证活动得到科学而有效的开展。

六、演讲比赛

演讲比赛和经典朗读活动相似。但是相比之下，演讲比赛更能够调动学生的积极性，激起学生的求胜欲。通过科学合理的演讲比赛可以在学生之间树立起良性的竞争关系，让学生感受到压力的同时，激发学生的学习动力。大学语文课程的实践性和创新性教学想要取得一定的效果，就必须要让学生充分发挥自身的优势，教师也要指导学生积极参加演讲比赛，提高语言能力，强调语言运用的技巧。教师要积极为学生开展不同主题的语文演讲比赛，指导学生撰写相关演讲文章，引导学生参加更高层次的演讲比赛。通过开展演讲比赛活动，可以有效扩大学生的阅读面，将知识融入趣味性、知识性的活动中，充分调动学生的学习积极性，让学生主动学习大学语文，增强语文知识的创造性，真正实现教学相长。无论是何种形式、何种主题的演讲比赛，主要目的都是要让学生对知识的掌握程度进一步加深，以此让学生按照自己的兴趣自愿选择演讲形式，参加演讲比赛，继而撰写演讲稿，选择自己有兴趣的作品或者文化内容进行评价，让理论和实践之间的联系性日益密切，从根本上提高学生的实际操作能力，满足学生的需求，让语文知识得到实际应用。

七、课外阅读

课外阅读也是大学语文学习的一种创新活动。在大学生的学习生涯中，课外阅读活动也极为重要。课外阅读活动势必会对大学生阅读产生一定心理影响，如果忽视了课外阅读活动，大学语文课程就不是完整的。大学语文教学必须要贴近学生的学习生活，让学生和课堂知识更加接近。因此，随着信息时代推进，大学生想要提升自身的语文素养，可以阅读更多的课外书籍，以此满足现代社会对人才的不断需求。学生除了可以阅读文学类等方面的书籍外，还要大量阅读与自己学习生活有关的其他学科的书籍。大学生的阅读面不能仅局限于所学专业范围内，要扩大阅读视线，政治、经济、文化、社会、军事、历史、哲学、宗教等各类书籍都要阅读，才能适应社会发展的需要。比如，大学生可以通过人物传记的阅读，借鉴他人的经验，继而完善自身的知识结构，加深专业知识的理解，以更好的状态面对市场竞争。

八、自媒体

自媒体也是一种全新的语文活动形式。众所周知，随着计算机技术水平得到全面的发展，新时期大学生中拥有计算机已经是一种极为普遍的概况，甚至很多学生从小就开始接触互联网。在这样的学习情况下，学生可以通过自媒体，展示自己的文学才华，实现广泛的信息交流。在实际的调查过程中，发现很多学生都拥有自媒体账号，自媒体让学生借助计算机技术更好地展开语文活动。对于大学生而言，计算机、手机等智能设备已经极为常见，因此必须要让学生更好地利用这些现代化学习工具展开语文活动，自媒体也是自身写作能力提升的练兵场，并且能让大学生产生读书热情。大学语文教师必须要正确指导学生运营自媒体，引导学生正确读书，提高自身的阅读文化素质。大学生们除了要阅读必修的语文教材和教师指定的参考书籍之外，还要阅读其他内容，例如其他同学自媒体中发布的优秀文章，包括小说、散文、随笔等，继而不断地提高自身的文化素质。

大学生可以参加的活动有很多，不同的语文活动带来的效果各不相同，因此，重视并积极开展多样化大学语文实践活动，让大学生在活动中锻炼成长，是大学语文创新教学的有效选择。

第八章　翻转课堂教学模式与大学语文的深度学习

第一节　深度学习的内涵及特点

一、深度学习的内涵

在教育领域，自 20 世纪 50 年代中期始，瑞典教育心理学家、哥德堡大学弗伦斯·马顿和罗杰·萨尔乔两位教授进行了学习的表层方式和深层方式的研究。1976 年，两位教授联名发表了《学习的本质区别：结果和过程》，最早提出了"深度学习"的概念，并在文中进行了详细阐述。在两位教授的研究结论中，采用深度学习方法进行学习的学生，对学习怀有内在兴趣，尤其注重理解，极为强调意义，特别注意学习内容之间的联系，长于系统地陈述问题或概念的整体结构假设。这一发现吸引了众多专家学者对深度学习从不同角度展开持续深入的研究。如英国爱丁堡大学诺埃尔·恩特威斯尔教授将深度学习作为学习方法的一种，并将其划分为四个维度，分别为追寻意义、联系观点、使用证据、拥有兴趣。我国香港大学比格斯教授和澳大利亚昆士兰大学凯文·沃伯顿教授则分别对深度学习的评价、动机与学习策略、学习效果和深度学习的膨响因素等做了深入研究，对浅层学习与深度学习进行了对比研究，发展了深度学习的相关理论。

深度学习虽然受到国内外教育研究者的密切关注，但究竟什么是深度学习，国内外并没有形成统一的概念。国外有学者在提出深度学习理念的研究中指出，深度学习是以理解为导向的学习，与以机械记忆、重复和孤立信息为导向的浅层学习不同。同时，他们还开展了深度学习方法的研究，即通过设置创建播客任务及策略引导来促进学生进行深度学习，其研究结果显示：使用深度学习方法的学生能够获得长时间记忆和更为有效的理解。霍顿在《深入和表面的学习方法》中提出深度学习是对新观点予以批判性分析，并可在新环境中解决未知问题的学习方法。凯文·沃伯顿则认为深度学习是一种从课程材料和经历中提取意义和理解的关键策略。

在国内，学者黎加厚、何玲最先使用深度学习的概念并对其进行了深入分析。2005 年，两位学者在《现代教学》第 5 期上发表了《促进学生深度学习》。该文认为，深度学习是一种在理解的基础上学习，是一种对新思想和新知识的批判性学习，是一种将新知识与原有认知结构相融合的学习，是一种将众多思想关联起来的学习，是一种在新的情境中进行知识迁移的学习，更是一种做出决策并解决问题的学习。随后，国内就深度学习的概念、内涵、特征、应用等开展了一系列学术研究。比较有代表性的研究有张浩、吴秀娟对深度学习内涵与特征的研究，他们在《深度学习的内涵及认知理论基础探析》中，提出深度学习具有如下几个特征：一是注重批判理解。没有批判性的理解，就不是真正意义上的理解，也就没有真正意义上的深度学习。二是强调信息整合。没有经过整合的信息是零散而无用的，不能有效地促进学习。三是促进知识建构。知识只有不断地结构化，才能具有丰富性、实用性，体现其价值。而深度学习的过程，就是一个知识网络和结构不断建立、优化的过程。四是着意迁移运用、面向问题解决和提倡主动学习、终身学习。毫无疑问，能积极地将知识进行迁移和运用，坚持问题导向，主动而持续学习，应是深度学习的题中之义。该文指出，深度学习的核心特征是高阶思维，发展高阶思维有助于促进深度学习。从以上内容可以看出，张浩、吴秀娟是在建构主义、情境认知、分布式认知及元认知理论指导下对深度学习内涵与特征进行的研究，颇有价值。段金菊、余胜泉重点剖析了在深度学习研究中所存在的一些问题，两位学者在《学习科学视域下 E-Learning 深度学习研究》中，以其所构建的 E-Learning 深度学习分析框架模型为依据而展开现状与问题的研究，开辟了模型化研究深度学习的方法。而北京师范大学的郭华在《深度学习及其意义》中，全面分析了学生、教师不同的角色意义，强调："深度学习的研究与实践，确立了学生个体经验与人类历史文化的相关性，落实了学生在教学活动中的主体地位，使学生能够在教学活动中模拟性地'参与'人类社会历史实践，形成有助于未来发展的核心素养，而教师的作用与价值也在深度学习中得以充分实现。"

综合国内外学者对深度学习的研究可知，深度学习是与浅层学习相对应的概念，同时根据布卢姆认知领域学习目标分类对应的六个层次——记忆、理解、应用、分析、评价及创造，浅层学习主要是知识的简单描述、记忆或复制，其认知水平仅仅停留在"记忆、理解"两个较低的层次，是一种低级认知技能的获得，涉及的是低阶思维活动；而深度学习不只涉及记忆，更注重知识的应用和问题的解决，其认知水平则对应"应用、分析、评价与创造"这四个较高级的层次，是高级认知技能的获得，涉及的是高阶思维。高阶思维是深度学习的核心特征，高阶思维能力的发展有助于深度学习的实现，同时深度学习又有助于高阶思维能力的提升。由此可以得出这样的结论：深度学习是指学习者在理解学习的基础上，批判性地接受新知识，将经过质疑、批判、深入理解而获得的新知识、新感受、新感悟有机融入自己已有的认知结构之中，并能迁移到新的情境中，通过新的探究来提升学习层次、强化学习能力并生成新的能力的综合性学习方法。深度学习是一种以促进学习者批判性思维和创新精神发展为目的的学习，不仅强调学习者积极主动的学习状态、知识整合和意义联结的学习内容、举一反三的学习方法，更注重学生高阶思维和复杂问题解决能力的提升。深度学习不仅关注学习的结果，也重视学习状态和学习过程。

二、深度学习的主要特点

深度学习在知识呈现方式、学习目标、学习状态、学习结果的迁移等方面都与浅层学习有着明显的差异。具体内容如下表 7-1 所示。

表 7-1　浅层学习与深度层学习的比较

	浅层学习	深度学习
学习方法	简单记忆 机械复制	理解基础上的合作、探究
学习动机	外在压力	自我内在需要
学习状态	被动接受	主动建构
学习过程	低阶思维 缺少反思 新旧知识孤立存在	高阶思维 注重反思 强调知识与信息整合
学习结果	知识接纳 简单应用	知识迁移 解决问题

通过比较分析可以得知，"浅层学习是一种被动的、机械式的学习方式，即把信息作为孤立的、不相关的事实来被动接受、简单重复和机械记忆，忽视对知识的深层加工、深度理解及长期保持，更无法实现知识建构、迁移应用及问题解决。"相较而言，深度学习主要具有以下特征。

第一，注重质疑和批判。深度学习是一种基于理解的学习，注重知识学习的批判性理解和接受。学习者对任何学习材料必须持有批判或怀疑的态度，对新知识必须批判性地看待，在深入思考之后纳入原有的认知结构中，并且要求学习者在理解事物的基础上进行质疑辨析，通过质疑辨析加深对深层知识和复杂概念的理解。

第二，强调学习内容整合。这种整合既包括对内容本身的整合，也包含对学习过程的整合。内容的整合则包含多学科知识和多渠道信息的整合，以及新旧知识和信息的整合。深度学习提倡将新信息与已知概念和原理建立联系，并整合到原有的认知结构中，从而引起对新知识信息的理解和长期保持及迁移应用。而浅层学习则是将信息看成是孤立的、无联系的单元来接受和记忆，因此无法促进对信息和知识的理解和长期保持。

第三，追求知识建构反思。所谓建构反思，是指学习者在知识整合的基础上通过新旧经验的相互作用实现知识的同化和顺应，调整原有认知结构，并对建构产生的结果进行审视、分析、调整的过程。这不仅要求学习者主动地对新知识进行理解和做出判断，运用原有的知识经验对新概念或问题进行分析、鉴别和评价，实现自我对知识的理解，建构新知序列，而且还需要不断对自我建构结果进行审视反思，吐故纳新，对学习积极主动地进行检查、评价、调控与改造。可以说，建构反思是深度学习和浅层学习的本质区别。

第四，重视迁移运用。深度学习重视对所学知识的迁移和运用，要求学习者对学习情境的深入理解，对关键要素的判断和把握，可以在相似情境中做到举一反三，也能在新情境中分析判断差异并将原则思路合理迁移运用。如不能将所学知识运用到新情境中去解决问题，那么学习者的学习就只是简单复制、机械记忆和肤浅理解，仍停留在浅层学习层面上。深度学习强调的就是将学习者已有的知识迁移到新知识中，有效运用并能解决现实问题，以此培养学生的高阶思维和综合实践能力，进而开拓学生的自主创新意识，提高其学习水平。

第二节　深度学习对大学语文教学的促进作用

"深度学习不是表层学习、浅层学习，不是机械学习，不是死记硬背，不是'知其然而不知其所以然'。我们所说的深度学习，必须满足以下几个条件。深度学习是教学中的学生学习而不是一般的学习者的自学，必有教师的引导和帮助；深度学习的内容是具有挑战性的人类已有认知成果；深度学习是学生感知觉、思维、情感、意志、价值观全面参与、全身心投入的活动；深度学习的目的指向具体的、社会的人的全面发展，是形成学生核心素养的基本途径。"深度学习中学生通过对事物、现象和问题的积极思考、深入探究，通过活动和体验等的全身心投入，在深层次理解中，透过事物的表面现象深入问题本质，对客观世界形成合理认知，进而逐步形成科学的价值观，不断促进在思想认识和行为取向上做出理性的价值判断和抉择，从而避免浅层学习后形成的片面和狭隘的价值观；由此也逐步渗透性地培育学生形成积极的情感态度，使学生在学习活动中表现出自信乐观、团结协作，信念坚定、意志坚强等健康向上的品格，逐渐将多变的兴趣、浅显简单的目标转化为稳定的学习动机和深层次的目标体系。大学语文教学如何打破知识传授的桎梏，怎样使语文学习从肤浅抵达深刻？深度学习的提出，为我们的语文教学改革提供了强有力的理论支持。

一、深度学习有益于加深大学生的语文审美体验

心理学认为，人的心理、意识都是在活动中形成和发展起来的，通过活动认识周围世界，形成人的各种个性品质。而人的活动的基本形式有 3 种，即游戏、学习和劳动。每一种活动都是由目的、动机和动作构成的，具有完整的结构系统。学习活动同样具有一定的学习目的、学习动机和学习行为，需要学习者的主动参与。体验是通过自己的感觉器官和行为对人物或事物进行了解和感受，是获得对客观世界的感受性认知的实践方式，"人类的基本生存方式之一，一种图景思维活动，也是一种震撼心灵、感动生命的魅力化育模式"。体验需要亲身经历，需要用自己的生命去验证和感悟。学习体验注重的是让学生全身心地投入到学习活动和学习过程中。深度学习恰好可以实现二者的融合，有利于更好地实现学习者为主体、教师为主导的教学过程。在深度学习理念的导向下，教师不再单纯传授知识，而是引导学生运用感官和行为深刻体验，在体验中产生学习的冲动，形成一种质疑、探寻、讨论、答疑的有效学习模式。因此，在深度学习理念观照下，教学不再是停留于表面的理性思维活动，而是一种有情感的、有温度的、深层次的体验活动。

审美体验是一种对象化的自我享受。大学语文教学中的审美教育必须诱发学生对审美客体的喜悦感、自由感、质疑感、惊异感，只有这样，才能真正调动审美主体——学生的审美潜力，产生审美激情，进而获得深刻的审美体验。在大学阶段，教师将从古至今的经典名篇作为语文教学内容，使大学生徜徉于意美、情深的文字海洋里，享受美的饕餮盛宴，获得无比丰富的滋养，恰如朱熹在《观书有感》中所言："半亩方塘一鉴开，天光云影共徘徊。问渠那得清如许？为有源头活水来。"

大自然中的景观，常具神奇之美，使人惊叹，使人心动，经过文人艺术化、抒情化的文字描摹，似一幅崭新的画卷呈现在学生的眼前，活灵活现，美不胜收，无不引起学生对美好自然的深情依恋与无尽向往。透过句句诗词、段段文字，我们可以欣赏到陶渊明流连的朵朵菊花和袁枚酷爱的如米小之苔花，看到晏殊所独自徘徊的小园香径；登上"会当凌绝顶，一览众山小"的泰山，游于"无

语东流"的长江，感受"泥融飞燕子，沙暖睡鸳鸯"的春天、"接天莲叶无穷碧，映日荷花别样红"的夏日和"带霜烹紫蟹，煮酒烧红叶""千里冰封，万里雪飘"的秋冬，体会"乱石穿空、惊涛拍岸"的壮观和"海上生明月，天涯共此时"的宁静。所有这些无不给我们一种美的享受。的确，湖光山色之胜景，草木虫鱼之自由，经过文人的着力抒写，呈现在学生眼前的是更为鲜活的形象，带给他们的是对自然美的深切感悟；油然而生的，是对美好自然的向往，对祖国山河的热爱，对生态意识的强化和对未来生活的憧憬，甚至"能从中获得生命的力量，直至一生"。

文辞优美、情感丰富、思想深邃的文学作品，在教师的引领下，让学生多用心灵去感知，万物皆成为有情有义的生命之物，这时产生的感受才是真正的审美感受。同时，文学作品不但能让学生领略到自然之奇、物象之美，还能使学生得到人生启迪、思想升华，即透过文字和物象，在欣赏美的同时，感悟作品所蕴含的哲理，体验作者所寄寓的情感，最终获得心灵的震荡和情意的神会。古往今来，优秀的文人往往都洋溢着回旋喷涌的生命激情，都胸怀"济苍生，安黎元"的雄心壮志，善于以游说辩驳、借古讽今等方式，将自己对历史、社会、人生的深沉思考寄寓于文字之中，以此传达个人的理想以及对社会、对人生的责任和使命。不论是"老庄""孔孟""唐宋八大家"，还是屈原、李白、关汉卿、马致远、罗贯中、曹雪芹等，无不长于将劝谏之意、除弊之要、革新之举行之于文，将政治理想、人生志向、道德情怀流于笔端。只要品味其作品，欣赏其文辞，自然能体察作者丰富的内心世界、政治思想以及价值取向。如孔子"道之以德，齐之以礼，有耻且格"的治国理念；孟子"民为贵，社稷次之，君为轻"的民本思想；李白"天生我材必有用，千金散尽还复来"的乐观；苏轼"莫听穿林打叶声，何妨吟啸且徐行"的旷达；于谦"粉身碎骨浑不怕，要留清白在人间"的崇高；文天祥"人生自古谁无死，留取丹心照汗青"的赤诚；李商隐"春蚕到死丝方尽，蜡炬成灰泪始干"的执着；郑板桥"千磨万击还坚劲，任尔东西南北风"的坚定，等等。古圣先贤们的磅礴气势、高尚道义、博大胸襟、坚定节操，透过诗文表现出来，深深感染着学生而令人难以忘怀。这是大大超越单纯的语言美而震撼人心的强烈的精神美，每一句诗都是铸炼学生灵魂的烈火，都是滋养学生精神的力量，必然带来学生思想上的升华。

长期浸润在美妙语境中，不断接受高尚情感的熏陶，能使学生在潜移默化中加深对作品以及作者情感的理解与体悟，并产生相似性情感，恰如何绍基所言："神理音节之妙，可以涵养性情，振荡血气，心头领会，舌底回甘，有许多消受。"对优美文辞、美好意境的不断体验，不仅可以使学生的个性得以张扬、灵魂获得"诗意的栖居"，提高学生的审美能力和美感修养，更能促进学生高尚品格的养成和人生境界的提升，诚如朱光潜先生所述"一个真正有美感修养的人必定同时也有道德修养"。

二、深度学习有益于提升大学生的语文学习层次

每一个大学生都经历了基础教育阶段十余年的语文学习。基础教育尽管在不断地改革，但至今没有逃脱应试的藩篱，语文教学亦是如此。以对语文的基础知识系统学习和科学训练为主，重在引导学生如何应对考试，如何在考试中以高分取胜的中学语文教学，虽然也会涉及人文性和审美性，但主要还是侧重于其工具性和基础性。多年来，学生进入大学后的语文学习与中学语文学习大同小异，没有摆脱字、词、句、段、篇的流程化文本阐释及其求证逻辑，教师侧重于一般层面上的语文知识讲解，学生的语文学习始终停留在知识符号的表层。这样的教学模式束缚学生认知心理的发展，影响学生的学习兴趣，更谈不上引导学生加强对文本的深层次解读，不利于学生思维、情感的培养和母语文化的传承，会使语文学习变得枯燥、乏味，毫无生气与灵性，课堂效率低下，课程地位日渐尴尬，不受重视。由此，不少大学生将大学语文戏称为"高四语文"。大学语文教学该如何改变传统的语文知识传授模式，怎样使语文学习从浅表抵达深刻，这一问题就这样鲜明地被提出来了。

深度学习理念的提出，为大学语文教学改革提供了契机。深度学习是与浅层学习相对的概念，是学习者在理解学习基础上的一种批判性学习，是需要学生的感觉、知觉、思维、情感、意志等全面参与的活动，是超越表层知识符号、进入知识的内在逻辑形式和意义领域的学习；是在教师的引导下，能够启迪学

生的智慧和引发学生深入思考的学习。

语文的深度学习，是通过对语文知识的学习，在掌握文本内容"是什么"的基础上，进入更深层次的思维，了解"为什么是这样"，从而探究文本的内蕴，实现思维训练、情感培养、德行养成的有效统一；是通过超越表层的符号学习，而把握知识的内在结构，既能受到情感熏陶，又能受到思想启迪和价值引导，不仅能培养学生的思维方式、审美情趣，还能完善其道德品质的学习；是正确引导学生世界观的确立和价值观的形成，从而提高其整体素质的学习。如学习《春江花月夜》，初看题目，即令人心驰神往：春、江、花、月、夜，无一不是人生中的佳时与美景，春天，生命活动勃发的火红季节，夜晚，美妙之时，江水、花树、明月，构成一幅浑然一体、清丽优美的画卷，伴随韵脚的转换变化、平仄的交错运用，读之即能感受到春江花月夜清幽的意境美。但我们不能简单地停留在对模山范水的景物诗的理解上，而应该进入作品的内在领域，把握文本背后丰富的人文价值意义。诗人紧扣"春江、明月"，由江月生发出种种诗情意理，情、景、理水乳交融，意境幽美、邈远，在对春江花月夜的描摹之中，赞叹了大自然的奇丽景色，讴歌了心中的纯洁爱情，扩大了对游子思妇的同情心，将对人生哲理的追求与对宇宙奥秘的探索高度结合在一起。细细品读，能深刻感受到诗人在江天一色的月光下，内心的清净澄明，心与自然之间一种充满灵性的交流。伟大诗人屈原曾以《天问》表现人类对自然宇宙的不息探索，一千多年后的张若虚也发出了对宇宙的疑问，中国诗人所特有的"宇宙意识"在诗中得到了充分体现。同时，又以"可怜楼上月徘徊，应照离人妆镜台""卷不去""拂还来""愿逐月华流照君"道出了游子对思妇的怜爱和相思却不能相见相伴的深深歉疚，以及思妇的痴与怨。看多彩人生是怎样由情爱和烦恼织成的，让人感觉虽然渺小，却又十分真实，这是对人类心灵的关怀和对生命的关爱，是对生存价值的肯定，更是一种对乐观、向上的生命意志的高扬。

三、深度学习有益于生成大学生的语文创新能力

深度学习不是机械地对知识的描述和复制，不是简单地掌握孤立的知识点

或记忆事实性知识，而是将经过质疑、批判、深入理解而获得的新知识、新感受与新感悟有机融入自己已有的认知结构之中，将其迁移到新的情境中，并能解决实际问题的学习。从布卢姆的教育目标分类学来看，深度学习是对知识的应用、综合、分析和评价，是一种高级认知技能的获得，"是在教师的引导下，根据当前的学习活动去联想、调动、激活以往的经验、知识，以融会贯通的方式对学习内容进行组织，从而建构出自己的知识结构"，是"强调学习者积极主动地学习，强调学习者批判性地学习，强调学习者将在某一情境中学习的内容迁移应用于另一新情境"的学习。

曾经以及当前的一些语文教学中，对文本的理解在很大程度上是教师怎么说，学生就怎么理解和接受，教师是知识的传递者，学生是知识的被动接受者。在整个教学过程中，学生的主动性不强、参与度不高，学生的学习积极性及对语言文字的兴趣多被统一的、标准化的唯一答案所遏制。深度学习则要求学习者对所学习内容予以深度加工，主动去体验、去感受，并敢于进行批判、质疑，需要学生与学习内容之间建立一种紧密的灵魂联系。

语文教学的内容是文质皆美的名篇佳作，学习者的首要任务自然是对文本内容的掌握，只有掌握了文本的基本内容，才能使学习走向深入。但语言符号形式的文本内容学习只是一种背景性和支撑性的学习，是表面的、肤浅的学习。真正的学习必须思考符号表征背后的逻辑形式，挖掘其隐含的深刻意义，避免浅尝辄止的"浅阅读"，做到"虚心涵泳，切己体察"。比如诗歌的学习，要实现有价值的文本意义生成，就得关注创作的背景、作品中的词语意义以及组合关系、读者视域与作者视域的融合；就得以品味和揣摩语言为基础，然后通过语言这座桥梁去发现隐藏于言语背后的抒情主体，进而结合个人经历与创作背景感悟诗歌的魅力。这一循环过程，就是从文字符号走向文本内容，从文本内容走向隐含意义的深度学习过程。

"你站在桥上看风景／看风景人在楼上看你／明月装饰了你的窗子／你装饰了别人的梦。"这是卞之琳的诗歌《断章》。诗人通过几组意象，即桥、楼、观景人，在曲折传出桥上人对风景的一片深情以及楼上人对桥上人的无限厚意的同时，写出了世间人事的相互依存、相互作用。此诗虽然只是诗人刹那间的"意境"、感想，却营造出了丰富的诗境、诗情、诗趣，思想层次重重叠叠，由有限伸展到无限，为人们的欣赏提供了诸多可能性，尽可以按自己的体会去想象，进而加以补充，加以创造。我们说想象是创新的基础，只有具备丰富的想象力，才会形成一定的创造力。为此，必须改变学生一味接纳、被动接受的学习状态，引导学生在学习过程中深入思考，涵养其质疑、批判精神。只有敢于质疑、敢于批判，才会勇于探究、勇于创新，语文创造性思维及创新能力才能得以自然生成。

第三节　翻转课堂教学模式及其优势

所谓"翻转课堂"，是一种创新的教学模式，是"互联网+"在教育领域的最直观反映，是指在信息化环境下，教师提供以视频为主要形式的学习资源，学生借助电脑、智能手机等工具，在课前通过自主观看教学视频及其他学习材料等完成课前学习任务，在课堂上由师生一起通过交流讨论、协作探究等活动完成作业和答疑等任务的一种新型的教学模式。

一、翻转课堂教学模式的发展

这种教学模式虽于19世纪早期即已在美国发轫，但真正意义的"翻转课堂"，起源于美国科罗拉多州林地公园高中这样一所普通的山区学校。经过几年的实践，该中学的两位化学老师乔纳森·伯尔和亚伦·萨姆于2007年出版了《翻转课堂：在每一节课都接触每一个学生》，详细介绍了实施翻转课堂的具体做法，以及实施翻转课堂所取得的成效。经萨尔曼·习汗在他创立的可汗学院进行大力推广和应用，翻转课堂成效显著；又经可汗学院公开课在互联网上的广泛传播，翻转课堂随即被全世界众多教育工作者和广大教师所熟知，并由此展开了相关研究和实践，一举成为全球教育界十分关注的教学模式。

在我国，从2011年下半年开始，重庆、上海、广州等城市的一些中小学校相继开展了翻转课堂的教学研究与实践，但是由于处于探索阶段，相关的成果资料并不多。从 2012 年起，我国各中小学对翻转课堂的研究和实践逐渐增多，主要集中在对翻转课堂的教学理念、设计模式研究，以及基于翻转课堂理念的具体实践，尽管角度不同，但多在具体学科应用上，如《透视翻转课堂》（张跃国，张渝江，2012）、《十大"翻转课堂"精彩案例》（杨刚，杨文正，陈立，2012）、《翻转课堂优化中职课堂教学探析》（王彩霞，刘光然，2013）、《试论大学英语"翻转课堂"模式》（范秀丽，2013）、《利用翻转课堂促进英语专业语法教学》（刘燕妮，2013）等，都是在探讨翻转课堂在具体学科中的应用。

到 2014 年，国内关于翻转课堂的研究迅速增多，在知网中以"翻转课堂"作为关键词搜索，研究论文由 2012 年的 14 篇上升到了 778 篇，其研究人员有来自各级学校的一线教师、技术人员等，翻转课堂研究至此已得到教育界不同层次人员的广泛关注。之后，研究人员以及研究成果一直呈上升趋势，研究主题涉及以下内容：基本理论、师生角色、学习资源、学习环境、教学应用、研究综述与反思等。同时，研究者结合我国教育实践及自身教学和研究经验提出了本土化的翻转课堂教学模式，如重庆聚奎中学的教师根据自己的教学实践总结出了"课前四步"和"课中五环节"的翻转课堂教学设计；南京大学张金磊则展示了将游戏化学习理念与翻转课堂相结合的新模式，并通过教学案例证明了这种教学模式的有效性。这些教学模式的构建和设计虽然不一定适合每个学科，但为翻转课堂的研究打开了一扇新窗门，为后来研究者提供了新的思路。

同时，随着翻转课堂教学实践的不断深入，相关的研究也在日渐深入，数量增多，其中主要以教学应用研究为主。从整体来看，我国的翻转课堂研究从数量上呈现明显的上升趋势，但从质量上看都还不够深入和具体，且多集中在中小学课堂教学的探讨上，涉及高校教学应用的研究主要集中于大学英语、计算机基础、现代教育技术等课程，以可行性分析、模式构建为主，而实证研究较少。付小倩等认为，翻转课堂对中国教育产生了巨大冲击，但受教师素养欠缺、学生参与度不佳、实施的支持条件不完善等多种因素的制约，并未完全彰显出其应有价值。中国教育教学改革欲借助翻转课堂实现真正转型，仍需要提升教师的个人素养，为学生提供多角度、多层次、全方位的支持服务；激发学生的深度学习热情，促使其向"最近发展区"跨越；采用多种方法改善软硬件设施，为翻转课堂的实施提供更深层次，更持久的支持。祝智庭等则认为，翻转课堂实践的教学流程逆序创新已成为国内外教育信息化热点，教学流程的逆序创新带来的是知识传授的提前与知识内化的变化，其实践的本质是帮助学生实现深度学习，聚焦问题解决，培养高阶思维能力。有学者通过结合课堂教学主结构分析发现，翻转课堂实现了教学流程的颠覆，随之引发师生角色的转变，最终指向学生思维品质的提升。他们反思国内实践现状以及微课在翻转课堂中的应用发现，课前学生的学习质量、课内知识内化、高阶思维能力的培养、教师的知识储备等均成为实践面临的难题。这些都说明翻转课堂的顺利实施还有赖于一系列准备。

二、翻转课堂教学模式的优势

相比传统课堂，翻转课堂教学模式主要有三大优势。

一是有利于个性化学习，方便教师因材施教。在一个班级中，学生的学习能力和成绩往往具有中间高、两头低的特点，即呈现出数学上的正态分布特点。这就教师需要因材施教，根据学生的差异和需求提供有针对性的辅导和帮助，掌握学生的学习情况，根据课堂上学生的表现调整教学进度和难度。传统课堂的教学模式无法根据每个学生的兴趣、学习能力和内容掌握情况而达到上述要求。在传统课堂中，教师的授课内容面向班级所有学生，难度、进度也是根据班级中大部分学生的平均水平来考虑的，很少注意分布两头的学生。这样在课堂上就容易导致成绩好的学生很难获得知识的"拔高"，这部分学生的需求无法得到满足，而成绩差的学生会因内容难度大而失去信心并中途放弃。翻转课堂的实施首先会给学生提供丰富的教学资源和学习资源，学习能力强、成绩好的学生可以根据自己的学习情况，利用这些资源在课下多学，满足个性化学习需要，每个学生都可合理安排自己的学习进度；学生在自学中遇到问题，教师通过课堂上的讨论、答疑和探究活动来帮助学生解决，有助于调动学生学习的积极性，提高学生自主学习、独立思考的主动性和解决实际问题的能力。

二是能够促进学生的自我完善与全面发展。翻转课堂与传统教学模式不同，打破了以教师为中心，教师讲、学生听这一传统教学模式的格局，课堂上以教师和学生的互动为主，通过以学生为中心的教学设计，使教师和学生之间由单向的信息传递到双向的交流互动，可以充分调动学生的参与度。教师不再是整个教学活动的主宰者，容易调动学生学习的积极性，避免学生产生厌学情绪。学生学习的积极性、主动性和独立思考、分析问题的能力增强，能全面发展。

三是教学评价方式的多元化，能及时改进教学活动。评价在教学过程中是经常要发生的，有效的、科学的评价能引导、促进学生的学习。对学生学习的评价不仅要关注其学习效果，还要关注其学习过程，从而使教学过程成为一个在教师的引导下学生自主探索和合作交流的过程，让学生在探索中形成自己的理解，在交流中完善自己的想法。但传统教学模式采用单一的评价方式，总结性评价多，很难全面反映学生的学习状况和存在的问题。翻转课堂的评价方式是多元化的，包括平时作业、阶段测试、讨论互动情况以及学习中发现和解决问题的能力等，能全面、综合地评价学生的学习情况，个性化地发现学生学习中存在的问题，从而及时给予学生必要的指导，提高学生学习的有效性，达到全面发展的目的，同时也促使教师不断改进自己的教学工作。

第四节　翻转课堂对大学语文深度学习的支持

"寻求并找出一种教学的方法，使教员因此可以少教，但是学生可以多学；使学校因此可以少些喧嚣、厌恶和无益的劳苦，多些闲暇、快乐和坚实的进步。"这是捷克教育家夸美纽斯于 1632 年在其《大教学论》的扉页上所写下的内涵丰富、总括其教学论主题的一段话。尽管我们不一定能在短时间内创造出一套行之有效的"少教多学"的教学方法，但信息技术发展确实引发了学习内容、学习方式、教学手段以及师生关系的变化，迫使我们不得不思考适应新时代、符合学生身心特点的教学方法、教学模式。伴随着信息技术与学科教学融合的不断深入，翻转课堂这一新的教学模式可以将原本作为课堂重要组成部分的知识传递置于课外，教师课前可以为引导学生学习而精心设计并制作课前微视频，提供多种教学资源；学生可以多向选择、自主学习，在课堂上与教师和同学互动交流、合作探究，完成作业练习，将课堂中这一互动的过程变为知识内化的过程，课后进一步消化，最终达到深度学习目的。

一、翻转课堂使学生由被动学习变为主动学习

众所周知，在传统的师生关系中，教师是知识的传授者，是传统教学模式中的主角，学生只是知识的被动接受者。知识的传授通过教师在课堂中进行，而知识的内化，即作业训练则放在课后由学生独立完成，评价方式则主要是期末的终结性考试。而在翻转课堂中，教师主要是教学活动的指导者；学生则是教学中的主角，是知识的主动探究者，知识的传授在课前完成，知识的内化在课堂中由教师和学生一起共同完成。

我们十分熟悉传统教学模式流程，它是一个从知识传授到知识内化的两阶段模式。课堂主要就是知识传授，教师充当知识的传递者，把预设好的知识如数传递给学生，以完成教师的职责与任务，亦即教学流程第一个阶段的完成。而第二个阶段知识内化，则主要是由学生课后自行独立完成。这样的教学，往往是课堂完全由教师支配，教师是主角、是主讲，学生是受众，其心思专注于听和记，至于为什么和怎么做，在忙于听讲、忙于笔记的课堂中是无法解决的，需待课后回顾和消化。

在社会发展相对缓慢，知识来源相对单一，信息需要索取而非选择、发布的，知识具有权威性、无须个人甄别而只需接受的时代，以"传递"方式实现知识的"灌输"或"平移"，足以满足学生的学习需求和学习欲望。但随着信息时代的来临，知识的来源途径多种多样，每一个人都可能成为信息的发布者，每一个人也都将面临要对海量信息进行判断和筛选时，教学仍继续传统的教师一味的"灌输"，定位于课堂即知识传授，而忽视学生的主动性、积极性和参与性，不仅难以为继，而且将直接影响学生的学习兴趣与学习效果。

特别是语文这类人文性基础课程的教学，其主要目标不仅要帮助学生承继人类已有的文化成果，更为重要的是要让学生切身感受人类的认识过程及其在

这个过程中所产生的文化精华，培养学生正确的世界观、人生观、价值观、是非观，使其成为有丰富情感、高尚情操、使命意识、担当精神的社会主义事业建设者和接班人。因此，对学生而言，知识的内化比知识的机械记忆更有价值。但内化却比简单地接受更为复杂，更教师需要的引导和情境的推动，需要在与同学的交流互动中获得帮助和启迪。但在传统的教学模式中，内化往往只能在课下独立进行。这样，学生内化难以真正完全实现，更无法将所学新知识嵌入原有的认知结构中，久而久之，易使继续学习的动机得不到有效激发，从而降低以致丧失继续学习的兴趣。而翻转课堂具有转变学生学习态度，提升学习能动性的优势，它的产生和推广，不仅意味着教学手段的信息化、网络化，以及传统"教"与"学"两个环节的时空互换，更意味着学生从"接受性学习""被动接受"到"研究性学习""主动探究"的深层次转变。教师由知识的传播者、课堂的管理者变为学习的促进者与引领者，学生是主动的研究者。学生由知识的被动接受转为主动探究，利用课外时间，通过学习教学视频和其他开放资源以完成新知识的主动建构，并找出重难点和困惑点。而教师无需在课堂上耗费大量的时间去讲授陈旧的知识，而可以展示相关问题的发生背景、演化脉络以及相互间的关系，促使学生进行自我总结和科学归纳。学生之间可以针对遇到的疑难和思想上的困惑进行交流和讨论，然后教师再进行适当的引导、启发、点拨，在学生回答的基础上予以补充或者延伸，由此使学生完成更高层次的知识内化。

二、翻转课堂使学习过程由固定预设变为弹性预设

在传统大学语文课堂教学中，教师在课前即已做好了充分的教案，课堂上只是按照教案设定好的步骤按部就班地走，何时讲授、何时朗读、何时提问等都在课前做好了预设。教师设计的每个问题都是既定的，当然答案也是既定的。整个课堂上，教师提出问题，围绕这个问题进行讲解，并引出早已确定的正确答案。教师是导演、主演集于一身，而学生仅仅是听众、观众，偶尔受主演邀请，作为配角出现在剧情中，配合教师这个主演，依据既定的教案演好某一场戏。

配角不能任意发挥或随意改写剧中的台词，因为是早就拟好的，否则，这个戏就不好演了。最可悲的是，一旦学生习惯于这种模式，就会放弃内心原有的一点点主动发挥的意愿，进而逐渐丧失发挥和修改的能力。在这个过程中，师生之间有一个显性的默契，学生知道教师最希望自己按照教案中的正确答案回答问题，并会在平时成绩评定中给予奖励；若回答有所偏离，教师也会努力将学生引向既定的唯一正确答案。因此，学生虽有机会表达见解，但不会脱离教师的步伐独立前行，宁愿跟随教师、依赖教师，一味地等着接受。在这样的教育模式下，所有学生的思维方式、逻辑方法都是同一的、同质的，课堂注重统一性，缺少生成性，更加忽视创新性。长此以往，学生的想象力和创造力就被遏制了。

翻转课堂则是借助信息技术之力，重构教学流程，改变教学结构，凸显先学后教、以学定教，将课堂教学改革推向引导学生自主学习、学会学习的一种新型教学模式。它不仅研究教师如何"教"更注重研究学生如何"学"，不只注重传授知识，更为注重创新能力的培养，让学生掌握学习过程。不只是教师讲、学生听，而是在交互中解决问题、实现主动建构的过程，是对知识的理解、运用的过程。翻转课堂对教师的教学设计提出了新要求，要将教学过程设计成非单线形式，要具有弹性，使整个教学过程要在自然中展开。要选择适当的教学内容和任务，以适应学生学习的个性化需求，把学生的学习与信息技术相融合，拓展个人学习空间，在获取知识的同时发现问题、提出问题，继而在解决问题的过程中收集信息、获得知识、交流经验、批判反思。在整个教学过程中，教师要把课堂的生成性摆在突出位置，因势利导启发学生思维，灵活处理各种问题，提高学生学习的主动性和思维的创新性。

第五节　大学语文深度学习对翻转课堂的依赖

深度学习强调的是学生在知识的学习与技能的获得过程中，通过对知识进行深度加工和体验，从而产生高层次的思维，实现内在品质的提升，以提高学生的学习能力，促进学生全面发展，让学生的个性在整体和谐发展的基础上，实现多元发展、充分发展，在相互间共生发展，最终实现人的成长与全面发展。要促成深度学习的实现，就必须有与之相适应的教学模式支撑，必须探索有效的教学策略与方法，使课堂教学"能够帮助和鼓励学生进行深刻而卓有成效的学习"。大学语文教学要在丰富学生语文知识的基础上，引导学生超越表层的知识符号学习和一般性的理解，努力挖掘文本所要表达的丰富内涵，进入语文知识的内在逻辑形式和意义深处，实现大学语文教学对学生的发展性价值，从而使学生在获得语文知识的同时，提升逻辑思维能力，养成高尚的情感态度和正确的价值观，引领学生追问生存的意义、构建理想人格，以便更好地适应未来的发展。但传统的语文课堂教学往往停留在表层的知识符号教学层面，而要实现以上语文深度学习的目标，则需要思考、重构课堂实践。翻转课堂的应用及推广，为此提供了转机。

一、深度学习有赖于翻转课堂基于问题的教学

翻转课堂中的课堂实际上是指传统的课堂，而"翻转"的主要特点和含义就是转变，从教师"灌输式"的"教"转变成在教师引导下学生探究地"问"、积极地"思"、主动地"学"。在整个教学过程中，教师都是引导者、鼓励者，甚至是交流者，要以导师的身份鼓励学生发现问题并主动解决问题，积极获取知识并加以内化。课前，学生要以阅研教材与观看视频相结合的方式自学。而视频资源的共同特点是短小精悍，短则几分钟，长也就十几分钟，每一个视频都针对一个特定的问题。课堂上，再将学生自学中遇到的困惑点或疑难处，通过小组讨论或教师、同学一起讨论来解决。教师也可以就相关问题的形成背景、发展脉络以及相互关系发表自己的意见和看法，并鼓励学生就自己在课前自学中的所思所想，在和同学交流讨论的基础上进行分类整理和归纳。对一些普遍存疑、难度较大、争论颇多的问题，更要进行广泛讨论，教师再进行适当的点拨或补充。这种基于问题的教学模式是以问题的发现、提出、解决为基础来展开课堂教学活动的。通过问题情境的创设，激发学生主动学习的欲望和兴趣，引导学生在自主探究中分析，在合作交流中拓展，探寻解决问题的途径和方法，

遂以达成学习目标。

比如古诗《锦瑟》的教学重点是了解诗歌的意境与情感，教学难点是了解诗歌主旨。清初诗人王士禛曾发出诗家素有"一篇《锦瑟》解人难"的慨叹：诗歌名为"锦瑟"，写的又非锦瑟，虽有题却又似无题。作者李商隐是晚唐时期的一位诗人，作品幽微窈渺、扑朔迷离的风格，在参横斗转、月坠星残的迢迢银河中，无疑是一种前无古人的永恒！其"无题诗"拨动了无数人的心弦，"诗家都爱西昆好，只恨无人作郑笺。"诗人在这首诗中究竟是抒何情表何意？一千多年以来，众多名家有过很多的猜测、假设以及考证，可惜都因为没有确切证据而未曾解答。该诗之所以难解，很重要的原因就是典故的运用，短短八句诗，就有四句用典。理解这些典故就成了理解这首诗的关键。因此在教学视频的设计与制作中就可着重考虑诗中几个典故的讲解，然后在此基础上让学生思考"所学过的李商隐诗歌，还有哪些运用了典故抒情？作用如何？""李商隐为什么喜用典故抒情？"等问题。这些问题的提出是建立在已知"什么是典故"的事实性知识基础之上的，学生在回答时不可能只靠"百度一下"的复制和粘贴就能找到答案，而需要反思以前对诗人李商隐和典故的所知所识，用高阶思维去深度挖掘和分析李商隐其人和典故在诗歌中的作用，从而得出有理有据的结论。整个学习过程中，学生会对典故和李商隐喜用典故的共性有进一步认识，也会对典故作用有多种不同的理解和对李商隐人生经历与其诗歌创作关系有深入思考，展开更深层次的探究、讨论，从而在加深对典故理解的同时，理解何为古人所云的"诗无达诂"，以增进对李商隐其人其诗的进一步了解和对古诗的含蓄蕴藉特点的认识。学生在这一过程中始终是自主学习者和主动探究者，能感知所学知识和自己已知世界之间的相互联系，这种感知不仅能够帮助学生进行深度学习，更能促进其以更深层次的理解构建知识。可见，开放的、自由的、具有探索性的问题教学必是深度学习的支点。

二、深度学习有赖于翻转课堂基于启发的教学方式

孔子曾说过，"不愤不启，不悱不发"，意即若不是经过苦思冥想而不得

其解时，就不要去开导他；如果不是经过思考并有所感悟，却又表达不出来时，就不要去启发他。继孔子后，《礼记·学记》之作者又提出"道而弗牵，强而弗抑，开而弗达"，指明教学主要是要引导学生学习，而不是由教师牵着走；教师要严格要求学生，但不能使他们在学习过程中感到压抑；教师要尽力在学习开始时启发学生思考，而不是直接把最终结果教给他们。这是我国启发式教学的萌芽和发展，指出学生主动进行思维思考时，教师根据学生的状态和需求进行诱导、启发，帮助学生深入了解知识，明确思维方向，从而达到举一反三的目的。这种教学方式的主要功能有三个方面：一是学生学习积极性和主动性的有效调动；二是学生独立思考意识的着力强化；三是学生逻辑思维能力和独立解决问题能力的开发与提升。作为信息技术与学习理论深度融合的翻转课堂，与传统课堂最大的不同就在于，翻转课堂是引导学生去发现而不是简单地让学生接受，是教师依据教学目标，由浅入深、由近及远、由表及里、由易到难地逐步引导学生自己发现问题、寻找材料、得出答案，将学习的主动权交给学生，以促进他们的认知更新、思维更缜密和能力更强。如《蒹葭》的教学，传统课堂可能主要由教师对诗歌进行解析，重点是讲解其主旨的多重性、艺术的朦胧美等，而学生主要是跟随教师的讲解去欣赏、去感受重章叠句所带来的那种若即若离之美，爱学习和对诗歌、语言文字有兴趣的学生还有可能调动自己的想象去思考、联想，将所学内化于己；而对于一般学生而言，老师讲课止，学生的思维即止。而翻转课堂会将原来止于课堂上讲解的内容，化为课前自学的短视频，让学生通过视频学习了解《蒹葭》的重章叠句之特点，以及由时间、地点转换所带来的可望而不可即的惆怅和带有忧伤的美好。在此基础上，还可设置让学生去思考《蒹葭》对后来朦胧诗的影响等问题，引发学生主动去探究从古代到现当代朦胧诗的诗人生平及其诗作写作特点等，由一个点的学习而拓展到一个面的探究。

参考文献

[1] 谢芳作. 大学语文视角下人文素质教育创新研究 [M]. 北京：中国原子能出版社，2023.

[2] 李川川. 信息时代背景下大学语文教育研究 [M]. 北京：中国大地出版社，2020.

[3] 李川川. 美学视阈下大学语文教育的审美观照 [M]. 北京：中国建材工业出版社，2020.

[4] 李改婷. 大学语文教育学 [M]. 郑州：郑州大学出版社，2018.

[5] 薛国栋. 大学语文教育改革研究 [M]. 长春：吉林大学出版社，2018.

[6] 倪勤丰. 基于职业汉语能力培养的大学语文教育路径研究 [M]. 北京：北京工业大学出版社，2018.

[7] 任文妍，受志敏. 大学语文课程教育研究 [M]. 长春：吉林大学出版社，2018.

[8] 何子谦. 大学语文与人文素质教育研究 [M]. 西安：西北工业大学出版社，2017.

[9] 谢卫平. 以立德树人为导向的大学语文教育教学研究与实践 [J]. 湖南工程学院学报 (社会科学版)，2020，30（3）：113-117+123.

[10] 兰蒙蒙. 中华优秀传统文化教育与大学语文课程建设研究 [J]. 教育教学论坛，2023（25）：88-91.

[11] 尹莉莉，周才文. 大学语文教学中大学生的责任教育研究 [J]. 文化创新比较研究，2021，5（34）：114-117.

[12] 薛可炎. 媒介素养教育视阈下的高职大学语文教学研究 [J]. 陕西青年职业学院学报，2021（3）：38-41.

[13] 刘霞云.OBE 教育理念下大学语文教学质量提升研究 [J].滁州学院学报，2020，22（6）：97-101+105.

[14] 谢绍珩.新时代水利精神融入水利类高职院校大学语文教育教学的路径研究 [J].产业与科技论坛，2022，21（22）：110-112.

[15] 刘纪.大学语文教学中如何渗透思政教育的探索与研究 [J].新教育时代电子杂志 (教师版)，2019（42）：143.

[16] 张瑞.生命教育在大学语文教学中的有效渗透研究 [J].成才之路，2018（5）：16-17.

[17] 任雁敏，李士明.大学语文教学中的情感教育策略研究 [J].现代教育，2017（8）：41-42.

[18] 高海燕.新文科建设背景下高校大学语文教学理论与策略研究 [J].成才，2023（14）：121-123.

[19] 王天一.大学语文教育在高校教育教学中的功能和定位研究 [J].考试周刊，2017（A2）：46.

[20] 高璐.人文素质教育在大学语文教学中的实践探讨 [J].教育教学论坛，2023（33）：109-112.

[21] 翟宇君.大学语文教学中融合德育的路径研究 [J].邯郸学院学报，2023，33（3）：121-128.

[22] 邢馨月，王延东.大学语文课程线上线下教学模式研究 [J].长春师范大学学报，2021，40（11）：171-173.

[23] 王东营.高校大学语文教育的困境与对策研究 [J].林区教学，2020(9)：63-65.

[24] 孟冬冬."语文教育研究方法"研究生课程在线教学的实践与思考 [J].教书育人（高教论坛），2023（18）：92-95.

[25] 马敏."课程思政"理念下《大学语文》教学实践研究 [J].现代商贸工业，2021，42（23）：138-140.

[26] 杨莹.语文教学中以人为本的语文教育评价研究 [J].课外语文，2020（30）：78-79.